Inácio CAVALLIERI

CURSO Cavallieri
DE VIOLÃO & GUITARRA

HISTÓRIA
Rock - Notas Musicais - Violão - Guitarra - Heróis da Guitarra

ESCALAS
Maior - Pentatônica - Blues - Menor Relativa - Modos Gregos etc.

e MAIS...
Exercícios - Formação de Acordes - Campo Harmônico - Intervalos - Arpejos etc.

BRUNO QUAINO
EDITORES

Musica é:
Alma ao universo,
Asas à imaginação,
Vida a tudo.

Platão (427-347 a.C.)

A Palavra do Autor

Inácio Cavallieri

Estudei violão clássico desde os 13 anos de idade, por 2 anos seguidos; depois passei a estudar violão popular com Gilvan de Oliveira, na escola "Música de Minas" do Milton Nascimento e também canto com a renomada Babaya; montei minha banda chamada "Quo-Tzar" ("Onde Está o Poder" em latim e russo) e entrei na escola "Ad Libitum" dos irmãos Wilson e Beto Lopes; formei-me em Direito pela Federal de Minas Gerais, mas meu interesse pela música sempre foi mais forte; fui morar em Londres, onde fiz cinco cursos de música, sendo que o mais importante foi o da Guitar Institute de Londres que pertence à Thames Valley University of London. Dou aula de violão e guitarra desde 1987 e hoje sou proprietário da ESCOLA DE MÚSICA CAVALLIERI, em Belo Horizonte (MG).

Eu sempre fui um incansável pesquisador de obras que facilitem o aprendizado daqueles que se dispuserem comigo a aprender a tocar um instrumento. Nesse tempo, fui redigindo o meu próprio material entregando-o aos meus alunos como suplemento teórico ou mesmo como esclarecimento de assuntos mais complexos. O que no começo eram apenas algumas folhas, com o passar do tempo se transformou numa brochura de mais de 50 páginas.

Some-se a isso a necessidade de produzir um caderno que respondesse a todas as necessidades de um estudante de guitarra ou violão: pauta larga para facilitar a leitura, fundo quadriculado para uma escrita bem diagramada das linhas e dos espaços suplementares e tablatura em anexo à partitura.

Há alguns anos, a tablatura era criticada como um modo de escrita musical que só vinha atender ao desleixo e preguiça daqueles que não se adaptam à notação tradicional. Hoje em dia, esta é uma tese absurda, visto que a tablatura só veio complementar as informações de como interpretar determinada canção.

É interessante perceber como diversos editores de revistas e songbooks já incorporaram a idéia de sempre publicarem partituras com a tablatura logo abaixo. Apesar disso, ainda não existia no mercado um caderno como este, com partitura e tablatura juntas.

Da mesma forma, passei muito tempo dando folhas pautadas em branco para o uso dos meus alunos e gostaria que essa benfeitoria se estendesse a outros estudantes, profissionais e interessados, sem que estes continuem com o primitivismo de passar mais uma linha com a régua para transformar o pentagrama em "hexagrama".

Este livro não tem a ilusão de substituir um bom professor, mas sim, tornar o trabalho dele mais claro, organizado e direcionado. Este é o meu objetivo com a obra.

Sobre o Curso:

A última parte do livro apresenta dados curiosos e culturais. Penso que informação não ocupa espaço e sempre é interessante saber um pouco sobre a trajetória da humanidade para se entender um pouco melhor o que vivemos no presente. Ser um músico não se limita a apenas tocar bem um instrumento. Conhecer os nomes das partes dos instrumentos e a teoria que organiza tudo isto, só vem engrandecer a caminhada neste universo maravilhoso.

Destaquei alguns guitarristas maravilhosos que realmente foram muito significantes na história da guitarra e mostrei a sua trajetória bem como quais as escalas e estilos destes ilustres. É bom lembrar que não foram escolhidos por serem os melhores guitarristas do mundo, já que este título não é possível de se conferir a ninguém, visto que o ato de tocar um instrumento não é uma competição onde se consegue medir melhores e piores.

Esta é a minha opinião. . .

A matéria teórica que se segue não se basta em si mesma. Muito pelo contrário, ela foi redigida com a suposição da presença de um professor ao lado do aluno, para esclarecer a utilidade da matéria apresentada. Para os iniciantes, teoria musical sempre é um tanto quanto distanciada da prática mas, no decorrer do estudo, essa distância vai diminuindo até se fundir num mesmo estudo e entendimento.

A segunda parte dedico à harmonia: começa com um mini dicionário de acordes cifrados, power chords, desenhos das tríades e tétrades mais usadas, assim como os respectivos arpejos.

Logo após, começam as referências às escalas.

Fruto de tanto mistério e ao mesmo tempo fascínio dos futuros guitarristas que ouvem seus ídolos fazerem os solos das músicas, usando as tais escalas especiais que, na maioria das vezes, nada mais são do que a Escala Maior ou a Pentatônica mesmo. Mas como usá-las? Em que parte do braço? Qual a diferença entre a Escala Maior e a Menor? E a tal escala de Blues? De onde vem? Estas dúvidas vagueiam na cabeça dos iniciados no mundo da guitarra e do violão e aqui eu trago grades com os padrões usados para elas, bem como para os acordes, já que, no violão e na guitarra, ao contrário do teclado do piano, basta que se memorizem os desenhos das posições dos dedos e estarão aptos a tocar em qualquer tonalidade.

Encartado ao livro você encontrará o "Caderno Pautado com Tablatura" para ser utilizado tanto na pauta quanto na tablatura. A tablatura é uma forma simples de escrita musical onde cada linha representa uma das cordas do violão ou guitarra, as quais são escritas de baixo para cima, ao contrário da realidade do instrumento e os números colocados são as casas desejadas. No começo dele você tem duas páginas com grades que poderão ser preenchidas com algumas escalas e/ou acordes, além dos que já se encontram prontos, pois como se sabe, música é arte e, como tal, é infinita a possibilidade de escalas e acordes dentro das apenas seis cordas do nosso instrumento.

Aí está ! Pronto para usar, aproveite bem!

Inácio Cavallieri

Dedico este trabalho de toda uma vida, às minhas filhas Isis e Yasmin, minha esposa Inaiá, que eu conheci através da música, meu pai Luiz Penido que sempre me incentivou e minha mãe Emy Cavallieri, grande razão da minha homenagem a todos da família Cavallieri.

1ª Parte
Teoria

Há musica no ar:
Tudo o que se deve fazer
é pegar o quanto for preciso.
Edward Elgar (1857-1934)

Relógio Musical

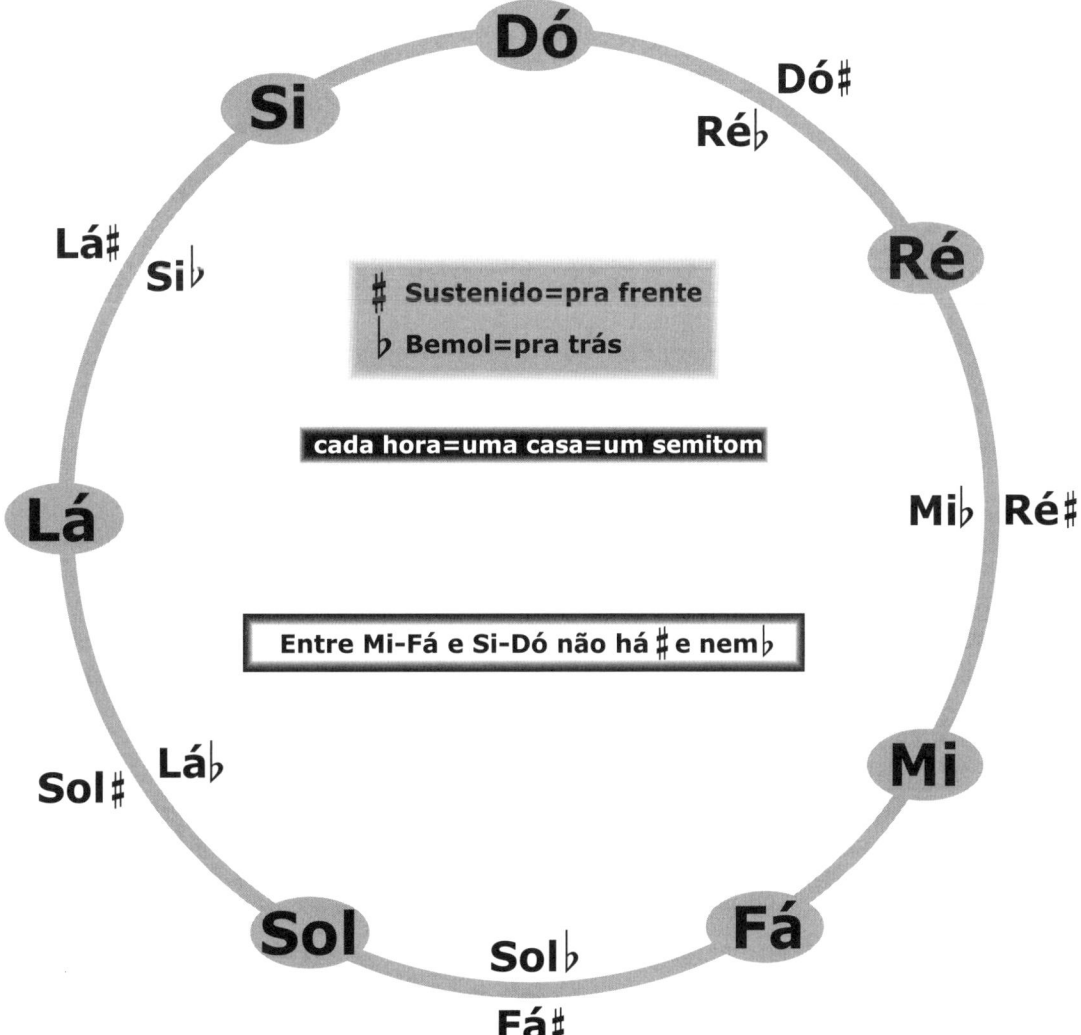

As Mãos

Notação Musical

As quatro formas atuais de representação gráfica para violão e guitarra são:

1. **Cifras** (substituição dos nomes das notas por letras, inventada pelo papa *Gregório O Grande* em 540 d.C.);
2. **Notas** com nomes latinos *Dó Ré Mi Fá*....(inventada pelo monge beneditino *Guido d'Arezzo* no século XI);
3. **Partitura** (escrita musical clássica e tradicional, adotada a partir do século XVII);
4. **Tablatura** (reapareceu com o surgimento da Internet. É a representação das seis cordas por linhas e casas pelos números, idéia extraída dos escritos do *alaúde*, instrumento barroco).

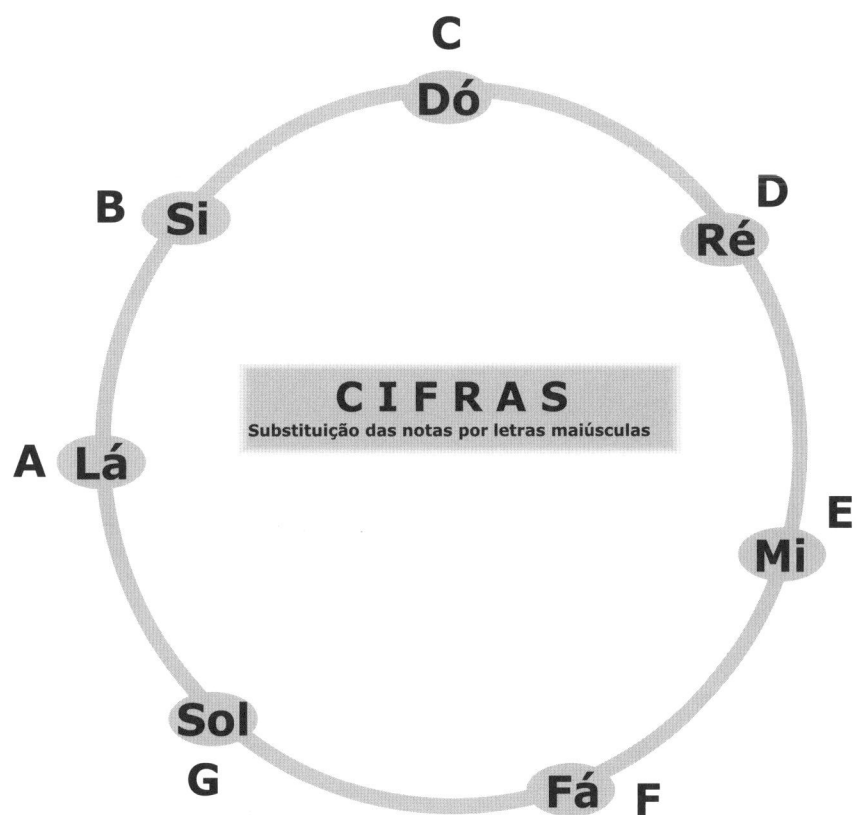

Notas das Cordas Escritas na Pauta

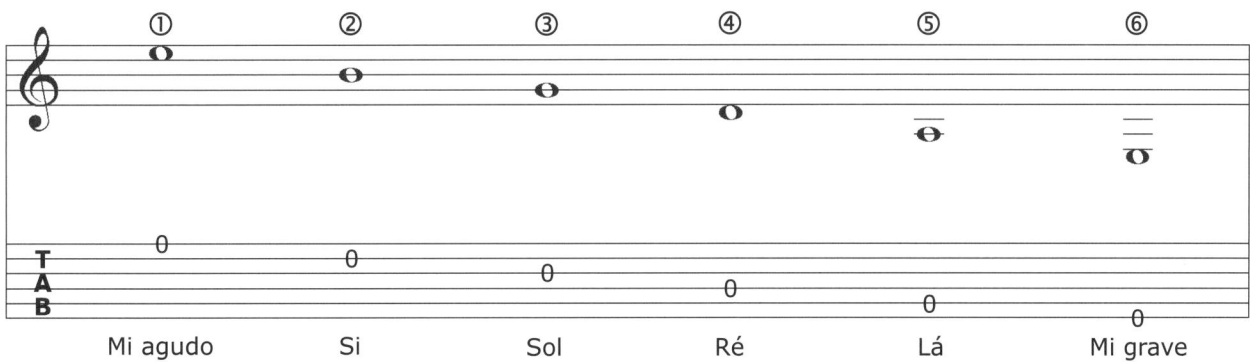

As Três Primeiras Casas

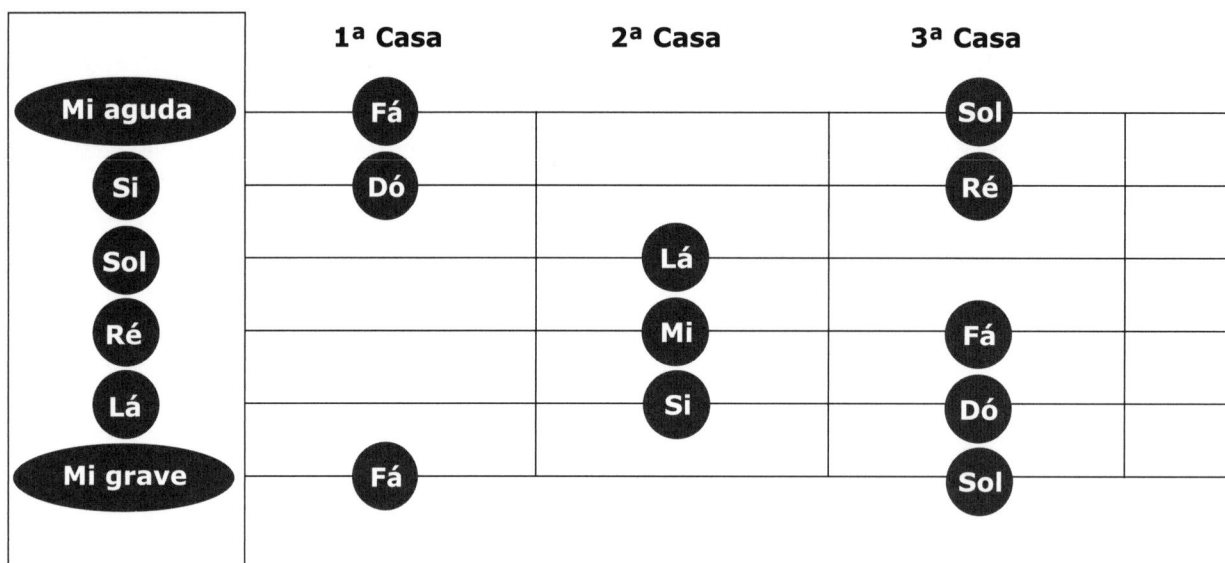

Alterações

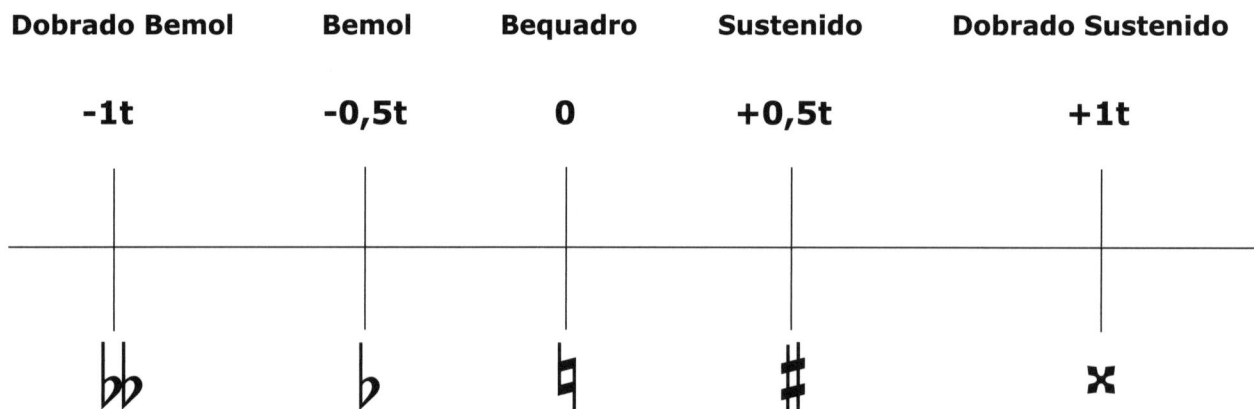

Como Afinar

> O método utilizado é o da comparação. Apertando a corda já afinada em uma casa teremos o som da próxima corda.

Para se afinar a primeira corda é usado o *diapasão* (uniformização universal do *Lá* em 440 hertz) ou presume-se a afinação da mesma, pois o importante é que as cordas estejam afinadas entre si.

Aperte a corda *Mi* E(6) na *quinta casa* e compare com a corda *Lá* A(5); se estiver mais grave aperte a tarracha correspondente, se estiver mais agudo, solte a corda.

Proceda da mesma maneira com as outras cordas, sempre apertando a corda já afinada na quinta casa e comparando com a corda abaixo que está para ser afinada.

Única exceção é a corda *Sol* G(3) que deve ser apertada na *quarta casa* pois a proximidade dela com a corda *Si* B(2) é diferente das demais; observe o exemplo abaixo:

de *Mi* (6) até *Lá* (5) são 4 notas
de *Lá* (5) até *Ré* (4) são 4 notas
de *Ré* (4) até *Sol* (3) são 4 notas
de *Sol* (3) até *Si* (2) são 3 notas
de *Si* (2) até *Mi* (1) são 4 notas

Dó-Ré-**Mi**-Fá-Sol-**Lá**-Si-Dó-**Ré**-Mi-Fá-**Sol**-Lá-**Si**-Dó-Ré-**Mi**

Este é o modo mais simples de afinação, entretanto só o tempo e a prática vão aperfeiçoar a percepção do quanto se deve apertar ou soltar as tarrachas.

Série Harmônica

Sequência de notas que compõem todo e qualquer som.

São estas subvibrações geradas a partir de um som inicial ou principal que dão origem ao *Timbre da Fonte Sonora*.

É o que nos permite distinguir o som de um piano do som de um saxofone.

1. Até a 4ª nota soa um *Power Chord* (X5): a 5ª nota é a primeira tensão a ser suprimida por um acorde.
2. As 6 primeiras notas soam como um acorde perfeito maior:
   (Dó = Fundamental * Mi = Terça Maior * Sol = Quinta Justa)
3. A primeira *Tétrade* (acorde de 4 notas) que aparece é um acorde *Dominante*, X7, como são também os acordes típicos de *Blues* e *Baião*.
4. A 4ª aumentada indica a escala mais natural que existe, conhecida atualmente como *Lídio* ♭7:

   tom   tom   tom   semitom   tom   semitom   tom
   I ︿ II ︿ III ︿ IV♯ ︿ V ︿ VI ︿ VII♭ ︿ VIII

5. Tirando os graus diferentes da *Escala Diatônica Tradicional* (IV e VII) temos a *Escala Pentatônica*.

Com essas observações podemos perceber como as bases da música ocidental estão muito mais ligadas à natureza física do mundo do que a uma invenção abstrata do homem.

Afinação por Harmônicos

Harmônicos são subvibrações geradas a partir de um som fundamental.

É possível destacar harmônicos isolados da corda de um instrumento impedindo-a de vibrar em alguma região de sua extensão:

O 12º traste do violão é exatamente a metade da extensão da corda; repousando os dedos suavemente, ali em cima do 12º traste, você estará produzindo um som uma oitava acima da nota fundamental:

Na corda *Mi*, o harmônico do 12º traste é o próprio *Mi* uma oitava acima.

O 7º traste é exatamente um terço da extensão da corda; repousando os dedos suavemente, ali em cima do 7º traste, você estará produzindo um som uma oitava e meia acima da nota fundamental, ou seja, uma oitava e uma quinta justa:

Na corda *Mi*, o harmônico do 7º traste é *Si* uma oitava acima.

O 5º traste é exatamente um quarto da extensão da corda, por isso repousando o dedo suavemente, ali em cima do 5º traste, você estará produzindo um som duas oitavas acima da nota fundamental:

Na corda *Mi*, o harmônico do 5º traste é um *Mi* duas oitavas acima.

O 4º traste é exatamente um quinto da extensão da corda, por isso repousando o dedo suavemente, ali em cima do 4º traste, você estará produzindo um som duas oitavas e uma terça maior acima da nota fundamental:

Na corda *Mi*, o harmônico do 4º traste é um *Sol Sustenido* duas oitavas acima.

Diante disto, você conseguirá afinar as cordas por comparação:

O harmônico da corda *Mi Grave* (6) no quinto traste deve ter o mesmo som do harmônico da corda *Lá* (5) no sétimo traste pelos motivos supra citados.

Todas as cordas seguirão esse modelo de afinação.

A única exceção é a corda *Sol* (3) que para ser afinada deve se utilizar o harmônico do 4º traste da corda *Sol*(3) e comparar com o harmônico do 5º traste da corda *Si* (2).

Para esta técnica, exige-se muito treinamento dos dedos e do ouvido, mas em compensação obtém-se uma afinação mais precisa do que uma afinação normal.

Claves

𝄞 **Sol** = **G** estilizado - **Instrumentos agudos**: *Flauta, Violino, Violão, Guitarra.*

𝄡 **Dó** = **C** estilizado - **Instrumentos médios**: *Viola clássica, Fagote, Oboé.*

𝄢 **Fá** = **F** estilizado - **Instrumentos graves**: *Violoncelo, Contrabaixo, Tuba.*

> O violão e a guitarra não são instrumentos tipicamente agudos, mas, por costume é utilizada a clave de Sol para eles.

O ouvido humano, assim como o ouvido de qualquer outro animal, tem suas limitações no que diz respeito à quantidade de frequências possíveis de serem percebidas.

Adestradores de cães usam um apito cujo som não pode ser ouvido pelo homem, apenas pelos animais. Este som é *muito agudo* (alto) para o ouvido humano.

Pesquisas científicas comprovaram que os elefantes se comunicam por sons, que eles produzem e que são *muito graves* (baixos) para serem ouvidos pelo homem:

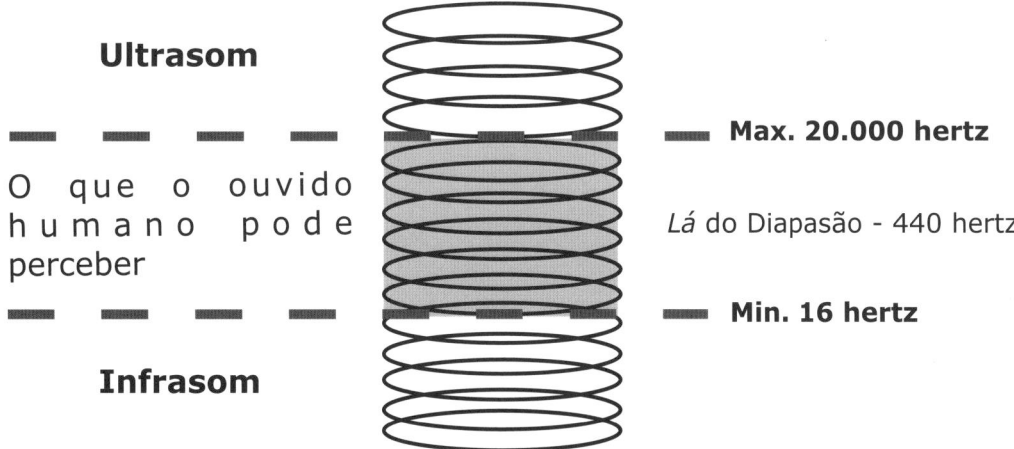

Esta sequência de notas: *Dó, Ré, Mi, Fá, Sol, Lá e Si*, é cíclica e infinita para o agudo (para cima). Esta é uma representação esquemática onde cada oitava equivale a uma volta na espiral. Para se ter uma idéia, as vozes de um coro vão de 64hz até 1500hz, enquanto um piano vai de 20hz até 4096hz. A relação de frequência das notas é de dois por um. Exemplificando, um Dó grave tem 128hz, uma oitava acima 256hz, depois 502hz, 1024hz e assim por diante. Um Lá grave tem 110hz, depois 220hz, 440hz e 880hz.

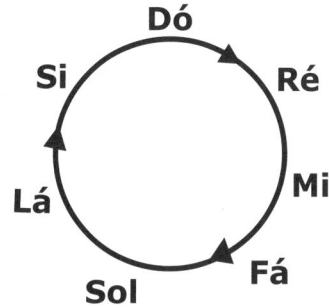

Colocar Nome nas Notas

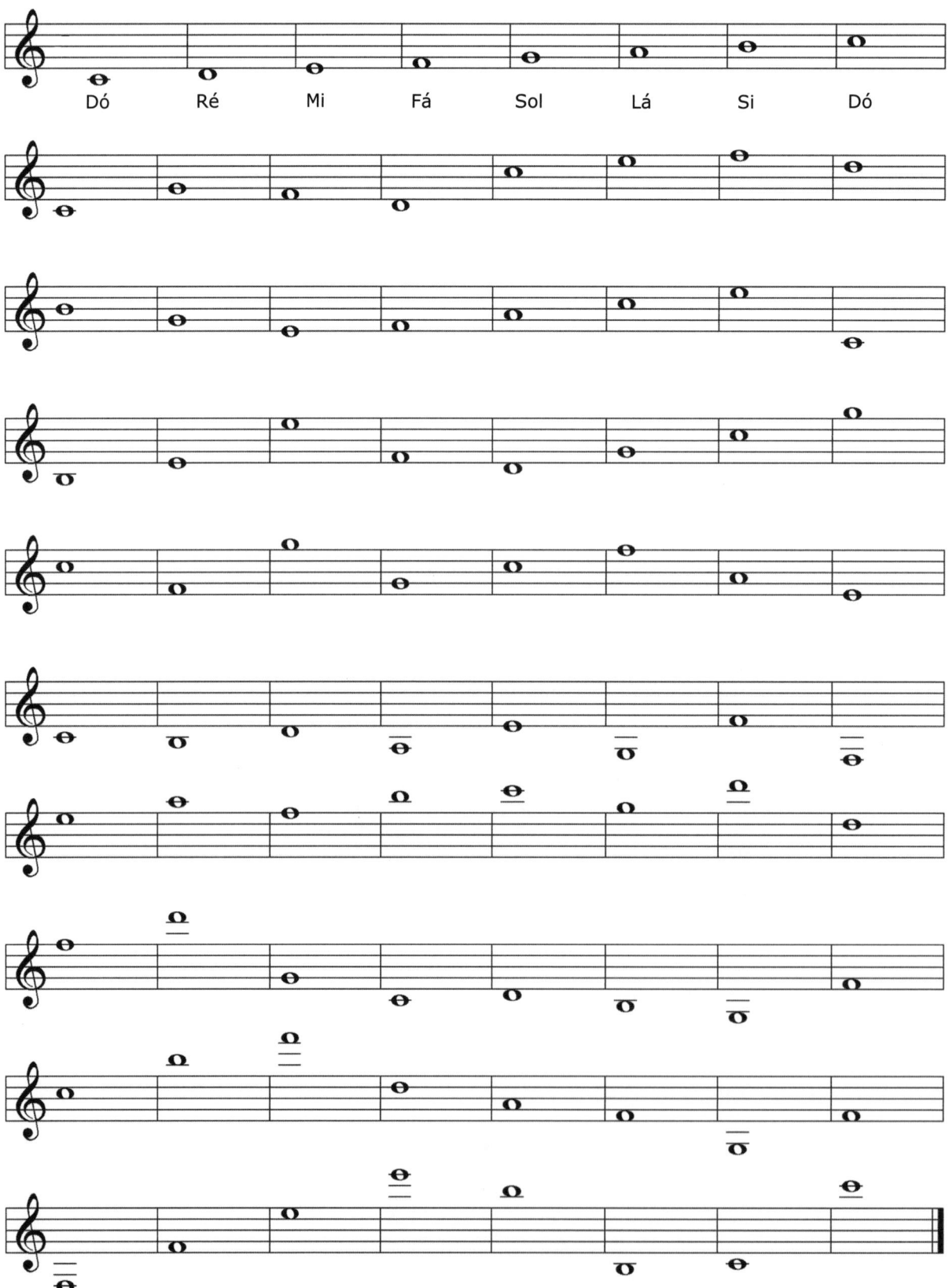

Figuras ou Valores

Desenhe as pausas correspondentes			Número Representativo
⬇			⬇
....	o	**Semibreve** *(Whole Note)*	1
....	𝅗𝅥	**Mínima** *(Half Note)*	2
....	♩	**Semínima** *(Quarter Note)*	4
....	♪	**Colcheia** *(Eighth Note)*	8
....	𝅘𝅥𝅯	**Semicolcheia** *(Sixteenth Note)*	16
....	𝅘𝅥𝅰	**Fusa** *(Thirty Second Note)*	32
....	𝅘𝅥𝅱	**Semifusa** *(Sixty Forth Note)*	64

Compasso

É o *agrupamento* de *tempos* ou *pulsações* de uma música.

$$\frac{X}{Y}$$

X = Número de tempos do compasso: *2 binário - 3 ternário - 4 quaternário*.
Y = Figura que foi determinada para valer *um tempo*.

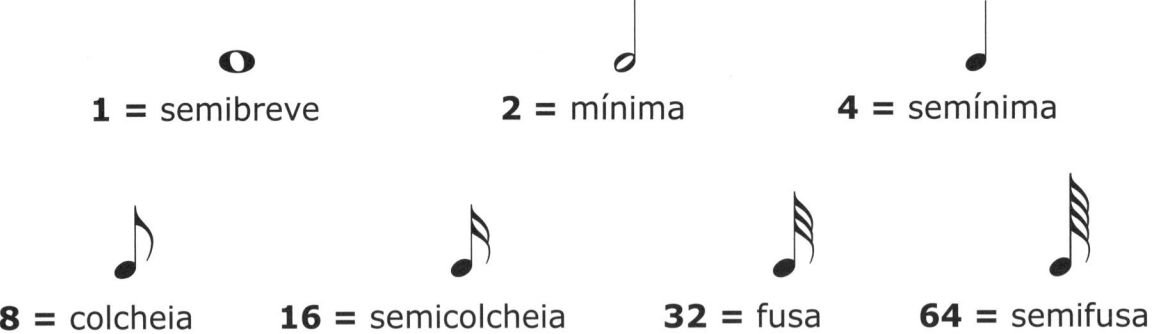

Unidade de Tempo:
Figura que vale um tempo no compasso = **Y**.

Unidade de Compasso:
Figura que vale todos os tempos do compasso juntos = **X.Y**.

Este compasso tem **X** tempos e cada tempo vale uma **Y**.

Andamento - Compasso - Ritmo

Os três existem ao mesmo tempo em música, mas são diferentes um do outro.

Andamento:
É a *velocidade da música*. Para se dar esta velocidade com precisão, inventou-se o *Metrônomo*, a graduação deste aparelho é em *bpm* (batidas por minuto); ele foi inventado em princípios do século XIX pelo mecânico austríaco *Johann Nepomuk Maelzel*. Por isso, aquele *Metrônomo* numa caixa piramidal de madeira é conhecido por *M.M.(Metrônomo de Maelzel)*. *Maelzel* era amigo de *Beethoven*, que foi o primeiro a usar indicações metronômicas nas músicas escritas por ele. Assim, músicas feitas antes de *Beethoven* possuem a indicação de andamento feitas por um revisor e não pelo autor:

Largo (lento); *Andante* (velocidade média); *Allegro* (rápido); e etc.

Compasso:
É a divisão da música em pequenas partes de duração igual ou variável. São os agrupamentos de tempos que normalmente são de *2 em 2* (*binários*), *3 em 3* (*ternários*) ou *4 em 4* (*quaternários*):

3/4; 4/4; 2/8; 2/2; e etc.

Ritmo:
É a maneira como se sucedem os valores ou figuras numa música. É a *Duração* e *Acentuação* dos sons e das pausas:

Samba; Rock; Blues; Baião; e etc.

Partes de Uma Música

Trechos
Intro, Estrofe, Refrão, Solo, Bridge, Fine

Compassos
Binários: Ritmos Brasileiros
Ternários: Valsas e Algumas Outras
Quartenários: 90% das Músicas

Tempos
Pulsação

Notas ou Pausas

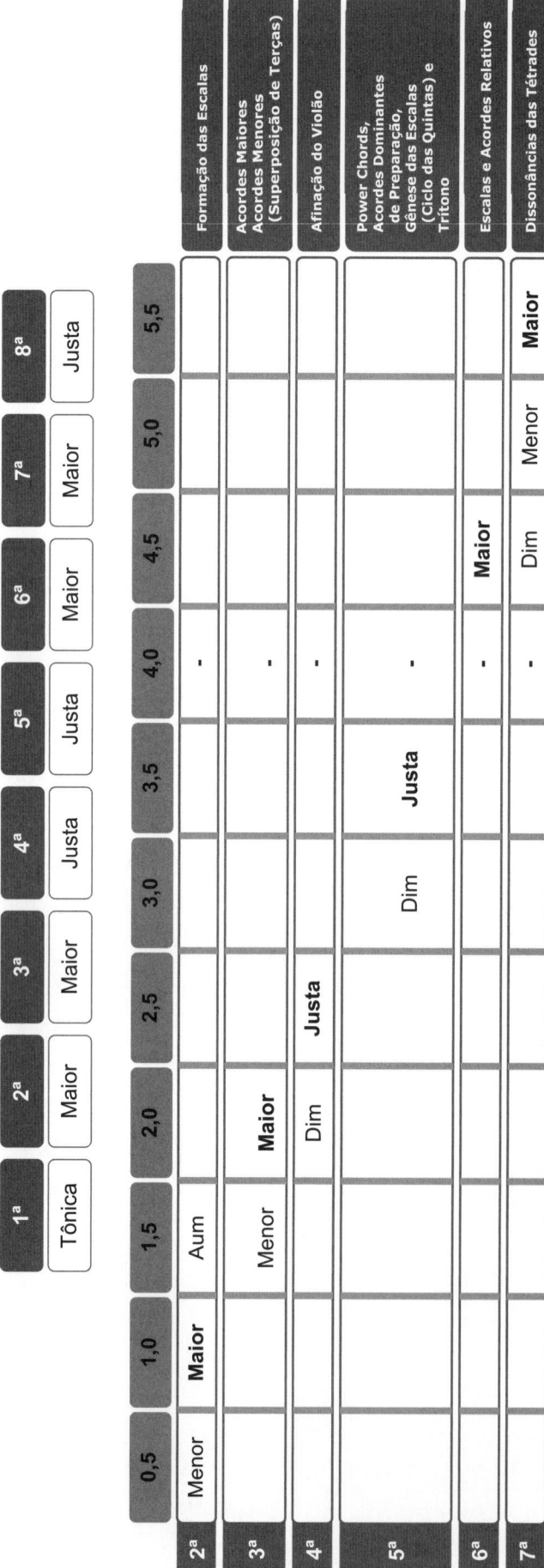

Intervalos
Distância entre dois sons

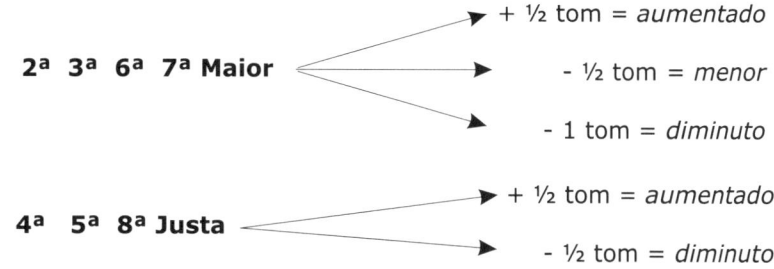

2ª 3ª 6ª 7ª Maior
- + ½ tom = *aumentado*
- − ½ tom = *menor*
- − 1 tom = *diminuto*

4ª 5ª 8ª Justa
- + ½ tom = *aumentado*
- − ½ tom = *diminuto*

Simples:
dentro de uma oitava

Compostos:
acima de uma oitava

Exemplo:
9ª = 2ª composta - 11ª = 4ª composta - 13ª = 6ª composta

Intervalos usados nos acordes:

Tônica +	3ª +	5ª +	7ª
9ª(2ª)	11ª(4ª)	13ª (6ª)	

Inversões

```
2ª Maior = 1 tom,    se invertida = 7ª menor    que é    dissonante
3ª Maior = 2 tons,        >>      = 6ª menor     >>      consonante
4ª Justa = 2,5 tons,      >>      = 5ª justa     >>      consonante
5ª Justa = 3,5 tons,      >>      = 4ª justa     >>      consonante
6ª Maior = 4,5 tons,      >>      = 3ª menor     >>      consonante
7ª Maior = 5,5 tons,      >>      = 2ª menor     >>      dissonante
8ª Justa = 6 tons,        >>      = sem intervalo >>     consonante
```

Desenho dos Intervalos

Tônica na 5ª Corda

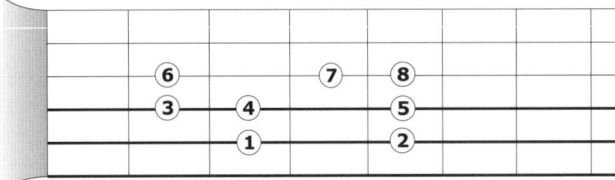

Tônica na 6ª Corda

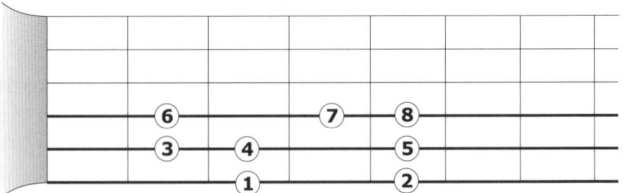

Tônica na 4ª Corda

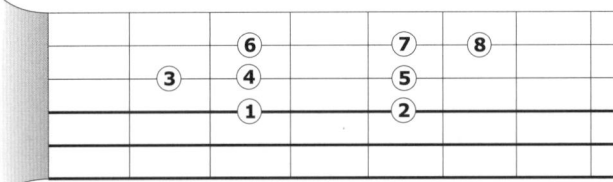

Tônica na 3ª Corda

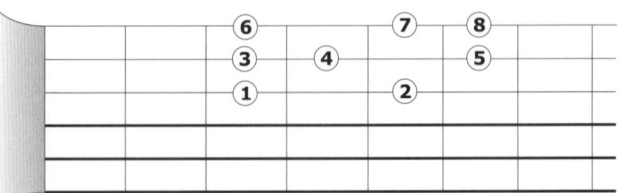

Harmonia
Acordes, Posições, Cifras, Acompanhamento, Tríades...

1ª Fundamental/Tônica = determina o nome do acorde:

Se é *Dó* o X = C

3ª Maior/Menor = determina se o acorde é maior ou menor:

Se a *3ª* estiver a *2 tons da tônica* é *maior*
Se a *3ª* estiver a *1,5 tom da tônica* será *menor*

5ª Justa/Aumentada/Diminuta = determina se o acorde é aumentado ou diminuto:

Se a *5ª* estiver a *4 tons da tônica* é *aumentado*
Se a *5ª* estiver a *3 tons da tônica* será *diminuto*

Tipo de Acordes

Maior: 1ª fundamental + 3ª maior + 5ª justa = X (subentende-se maior)

Menor: 1ª fundamental + 3ª menor + 5ª justa = Xm

Aumentado: 1ª fundamental + 3ª maior + 5ª aumentada = Xaum = X+ = Xaug = X5+ = X5#

Diminuto: 1ª fundamental + 3ª menor + 5ª diminuta = Xdim = Xº

* **Suspenso**: 1ª fundamental + 4ª justa + 5ª justa = Xsus = Xsus4
1ª fundamental + 2ª maior + 5ª justa = Xsus2 = Xsus9

** **Power Chord**: 1ª fundamental + 5ª justa = X5

> * O acorde Suspenso na realidade é uma Tétrade (acorde com quatro notas) mas com a terça oculta, daí o termo "suspenso".

> ** O Power Chord não é aceito como um acorde propriamente dito por não possuir um mínimo de três notas diferentes.

Tétrades (acordes com 4 notas)

Maior com 7ª Maior: 1ª fundamental + 3ª maior + 5ª justa + 7ª maior = X7M = X7+

Maior com 7ª Menor: 1ª fundamental + 3ª maior + 5ª justa + 7ª menor = X7

Menor com 7ª Menor: 1ª fundamental + 3ª menor + 5ª justa + 7ª menor = Xm7

Menor com 7ª Maior: 1ª fundamental + 3ª menor + 5ª justa + 7ª maior = Xm7M = Xm7+

Diminuto Tétrade: 1ª fundamental + 3ª menor + 5ª diminuta + 7ª diminuta = Xº = Xdim

Meio Diminuto: 1ª fundamental + 3ª menor + 5ª diminuta + 7ª menor = Xm7/5♭ = Xm5-7

Exercício de Formação de Acordes
Tríades

$$C = \underset{1º}{Dó} + \underset{3ºM}{Mi} + \underset{5ªJ}{Sol} \qquad Cm = \underset{1º}{Dó} + \underset{3ºm}{Mi\flat} + \underset{5ªJ}{Sol}$$

$$C\sharp = \underline{\quad} + \underset{2t}{\underline{\quad}} + \underset{3,5t}{\underline{\quad}} \qquad C\sharp m = \underline{\quad} + \underset{1,5t}{\underline{\quad}} + \underset{3,5t}{\underline{\quad}}$$

$$D = \underline{\quad} + \underset{3ªM}{\underline{\quad}} + \underset{3ªm}{\underline{\quad}} \qquad Dm = \underline{\quad} + \underset{3ªm}{\underline{\quad}} + \underset{3ªM}{\underline{\quad}}$$

$$D\sharp = \underline{\quad} + \underline{\quad} + \underline{\quad} \qquad D\sharp m = \underline{\quad} + \underline{\quad} + \underline{\quad}$$

$$E = \underline{\quad} + \underline{\quad} + \underline{\quad} \qquad Em = \underline{\quad} + \underline{\quad} + \underline{\quad}$$

$$F = \underline{\quad} + \underline{\quad} + \underline{\quad} \qquad Fm = \underline{\quad} + \underline{\quad} + \underline{\quad}$$

$$F\sharp = \underline{\quad} + \underline{\quad} + \underline{\quad} \qquad F\sharp m = \underline{\quad} + \underline{\quad} + \underline{\quad}$$

$$G = \underline{\quad} + \underline{\quad} + \underline{\quad} \qquad Gm = \underline{\quad} + \underline{\quad} + \underline{\quad}$$

$$G\sharp = \underline{\quad} + \underline{\quad} + \underline{\quad} \qquad G\sharp m = \underline{\quad} + \underline{\quad} + \underline{\quad}$$

$$A = \underline{\quad} + \underline{\quad} + \underline{\quad} \qquad Am = \underline{\quad} + \underline{\quad} + \underline{\quad}$$

$$A\sharp = \underline{\quad} + \underline{\quad} + \underline{\quad} \qquad A\sharp m = \underline{\quad} + \underline{\quad} + \underline{\quad}$$

$$B = \underline{\quad} + \underline{\quad} + \underline{\quad} \qquad Bm = \underline{\quad} + \underline{\quad} + \underline{\quad}$$

Intervalos nos Acordes

Notas	Enarmonia	Inter-valos	Símbolos	Nome	Observações
Dó		1		Fundamental	
Ré$\flat$		2m	$\flat$9	Nona menor	
Ré		2M	9	Nona (maior)	Sem a 3ª seria um acorde de "sus2"
Ré$\sharp$	ENARMONIA	2aum	$\sharp$9	Nona aumentada	A 9ª sem a 7ª é chamada de "add9"
Mi$\flat$		3m	m	Terça menor	
Mi		3M		Terça maior	
Fá		4J	4	Quarta (justa)	Sem a 3ª seria um acorde de "sus4"
			11	Décima primeira (justa)	
Fá$\sharp$	ENARMONIA	4aum	$\sharp$11	Décima primeira aumentada	
Sol$\flat$		5dim	$\flat$5	Quinta diminuta	Só é usado em substituição da 5ª justa
Sol		5J		Quinta (justa)	
Sol$\sharp$	ENARMONIA	5aum	$\sharp$5	Quinta aumentada	Só é usado em substituição da 5ª justa
Lá$\flat$		6m	$\flat$6	Sexta menor	Desusado
			$\flat$13	Décima terceira menor	
Lá	ENARMONIA	6M	6	Sexta (maior)	Usado em acordes de I e IV graus
			13	Décima terceira (maior)	Usado em acorde de V grau (dominantes)
Si$\flat\flat$		7dim	º ou dim	Sétima diminuta	
Si$\flat$		7m	7	Sétima (menor)	O único intervalo que subtende-se menor
Si		7M	7M	Sétima maior	

Diminutos e Meio Diminutos

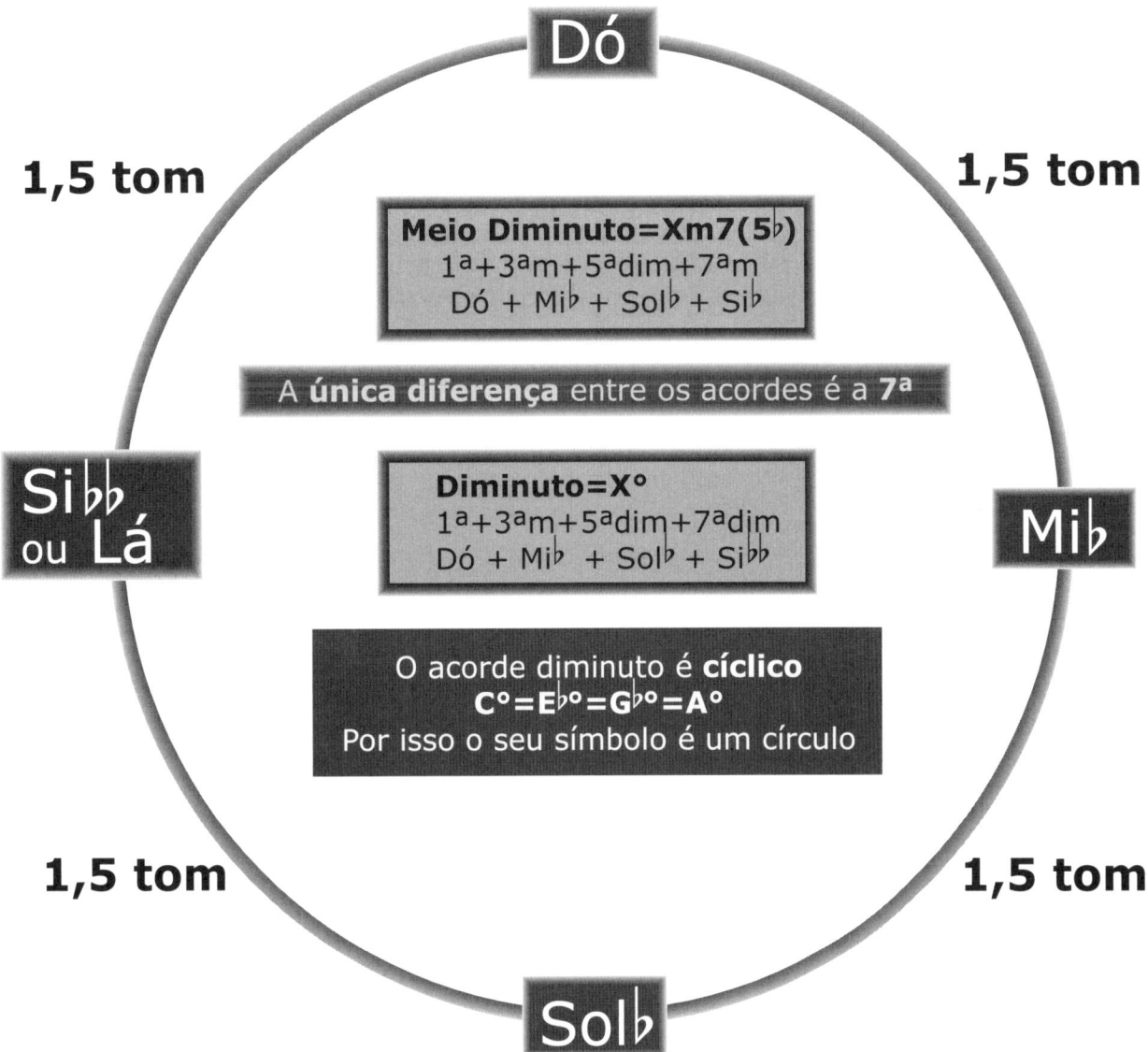

Campo Harmônico

Consiste em harmonizar uma escala, ou seja, construir *acordes, tríades* ou *tétrades* (terças superpostas), sendo cada nota a fundamental do acorde e usando apenas notas dessa escala.

São as notas de uma escala harmonizada.

São os possíveis acordes encontrados dentro de uma tonalidade.

São as tétrades formadas com as notas da própria escala.

Este é o *Campo Harmônico* da *Escala Maior*

I7M	IIm7	IIIm7	IV7M	**V7**	VIm7	VIIm7(♭5)
C7M	Dm7	Em7	F7M	G7	**Am7**	Bm7(♭5)
D7M	Em7	F#m7	G7M	A7	**Bm7**	C#m7(♭5)
E7M	F#m7	G#m7	A7M	B7	**C#m7**	D#m7(♭5)
F7M	Gm7	Am7	B♭7M	C7	**Dm7**	Em7(♭5)
G7M	Am7	Bm7	C7M	D7	**Em7**	F#m7(♭5)
A7M	Bm7	C#m7	D7M	E7	**F#m7**	G#m7(♭5)
B7M	C#m7	D#m7	E7M	F#7	**G#m7**	A#m7(♭5)

Acorde Tônico

Relativo Menor

Função Tonal

Cada *acorde*, dentro de determinada *frase harmônica* nos dá a sensação de *conclusão, suspensão* ou algo entre os dois: isto chama-se *Função Tonal* ou *Harmônica dos Acordes*.

Função Tônica I Grau:
É uma função de *sentido conclusivo* (estável). Geralmente é o acorde que finaliza a música. Pode ser substituído pelo *III* e *VI Grau*.

Função Subdominante IV Grau:
É uma função de *sentido meio suspensivo* pois se apresenta de forma intermediária entre as funções *Tônica* e *Dominante*. Pode ser substituído pelo *II Grau*.

Função Dominante V Grau:
É uma função de sentido *suspensivo* (instável) e pede resolução na *Tônica*. Pode ser substituído pelo *VII Grau*.

II Cadencial (IIm V7 I)

É uma sequência preparatória para um acorde usando a função *Subdominante* (*IV* ou *II*), *Dominante* (*V*) e resolvendo na *Tônica* (*I*).

II Cadencial Primário prepara a *Tônica* do *Campo Harmônico*.

II Cadencial Secundário prepara os outros acordes do *Campo Harmônico*.

II Cadencial Auxiliar prepara acordes que não fazem parte do *Campo Harmônico*: os *AEM* (*Acorde de Empréstimo Moda*l).

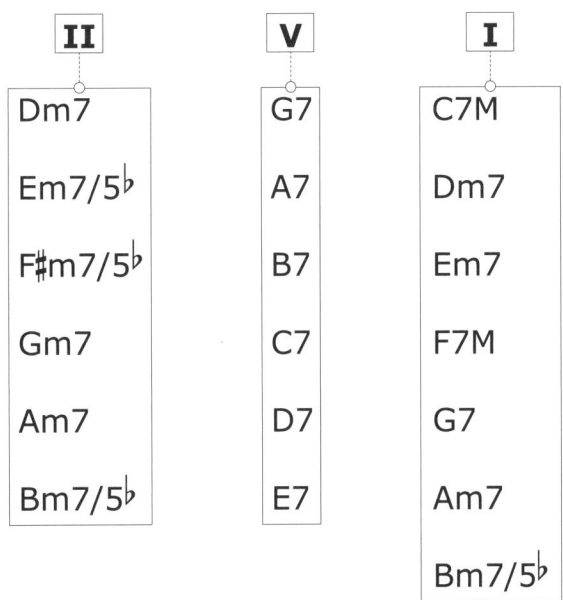

O II Cadencial preparatório de acordes menores costumam ser acordes meio diminutos e o sétimo grau de um campo harmônico não é preparado.

Ligaduras de Expressão

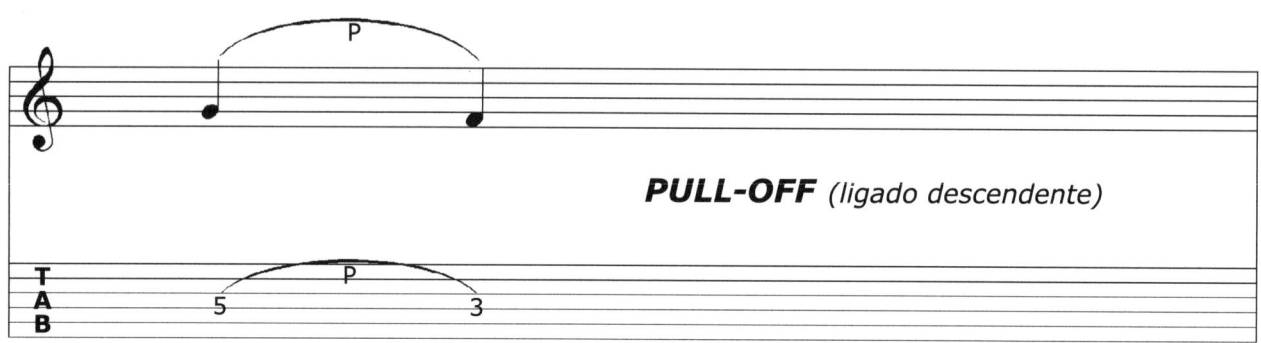

PULL-OFF *(ligado descendente)*

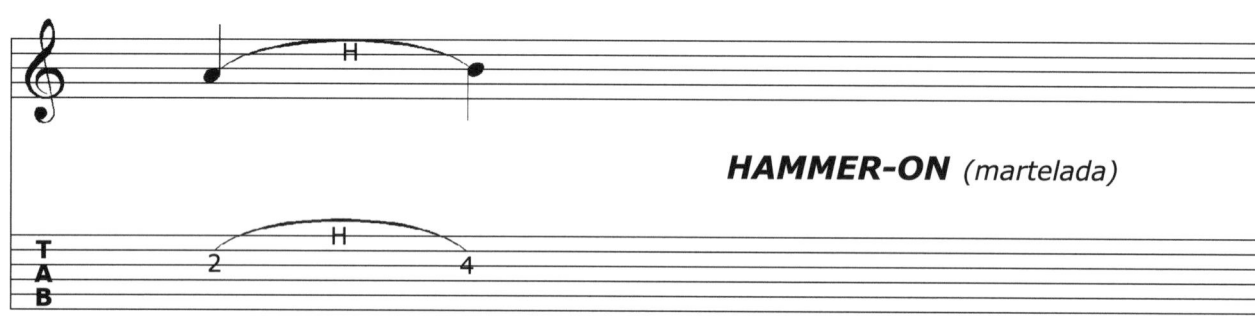

HAMMER-ON *(martelada)*

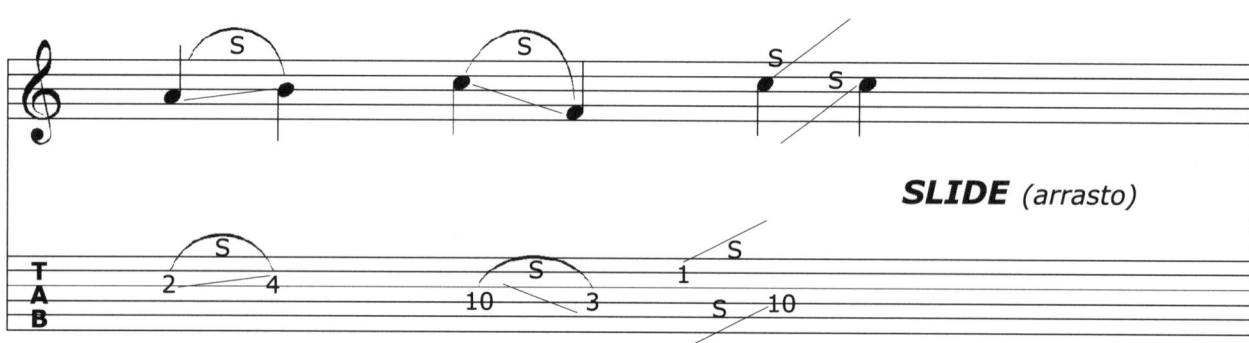

SLIDE *(arrasto)*

BEND *(curva)*

RELEASE (volta)

TAPPING (dedos da mão direita)

Tendo visto a parte anterior acompanhado de um bom professor e um bom livro de Teoria Pura de Música, chegou a hora da prática!

Pegar o instrumento e visualizar todo o braço com todas as grades que se seguem.

Neste momento, costumo dizer que o estudante não deve se preocupar se ele tem *dom*, *talento* ou *jeito*. Como todos sabem o bom músico é feito de *10% de inspiração e 90% de transpiração!*

Quer dizer: o que importa é

- ☐ vontade (querer tocar)
- ☐ paciência (a melhora é lenta e gradual)
- ☐ disciplina (15 minutos de exercício equivalem a uma semana tocando)

Portanto, dedique-se com paciência que você irá colher os frutos antes do que pensa!

2ª Parte
Acordes

*Sem a técnica,
a inspiração é uma mera
palheta oscilando ao vento.*
J. Brahms (1833-1897)

Acordes

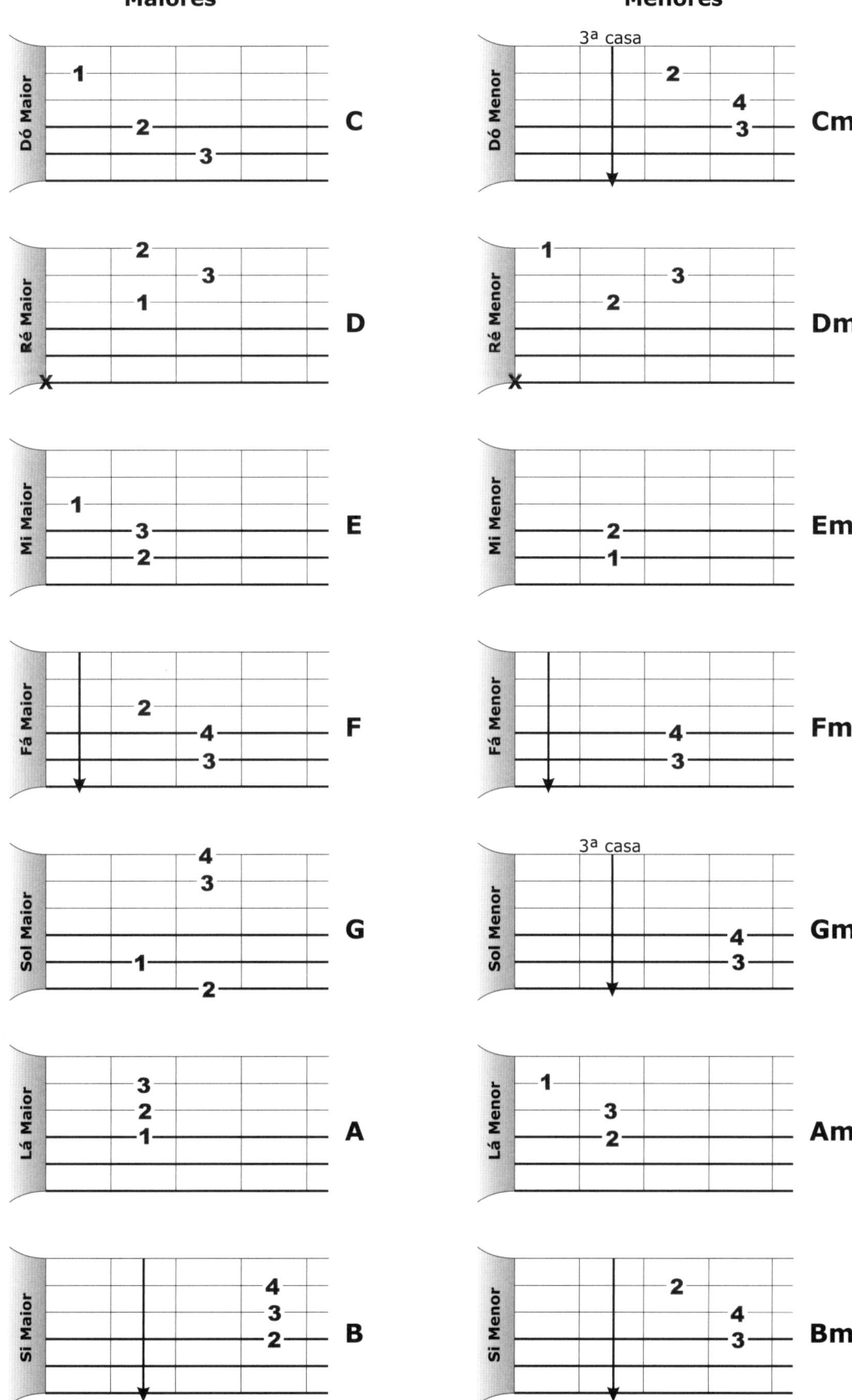

Desenho dos Acordes

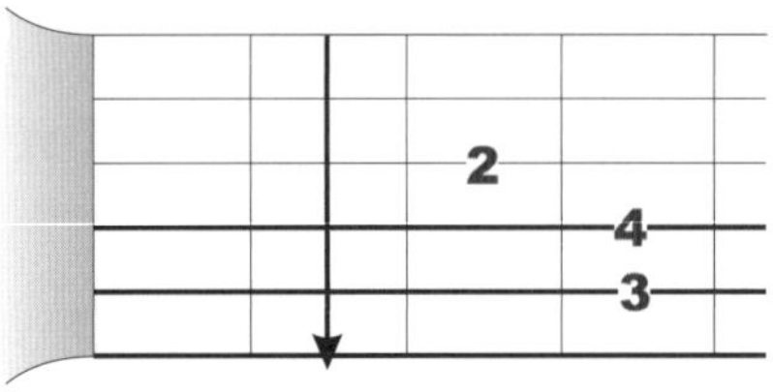

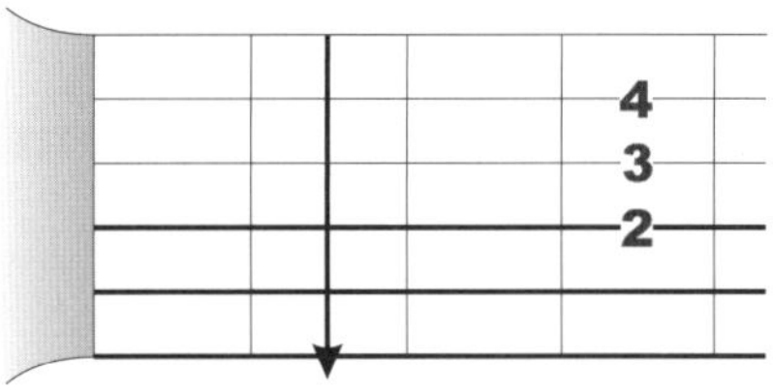

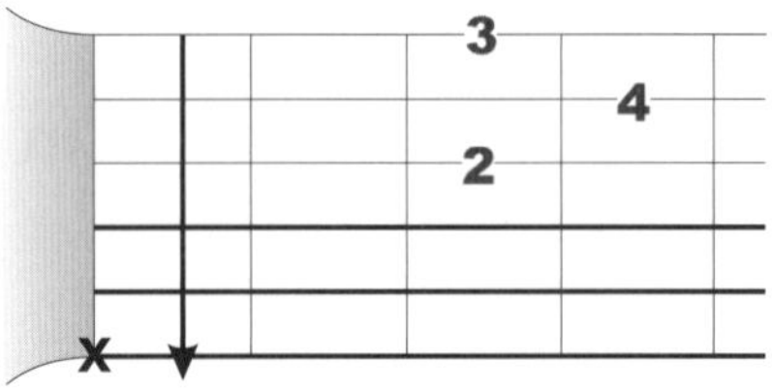

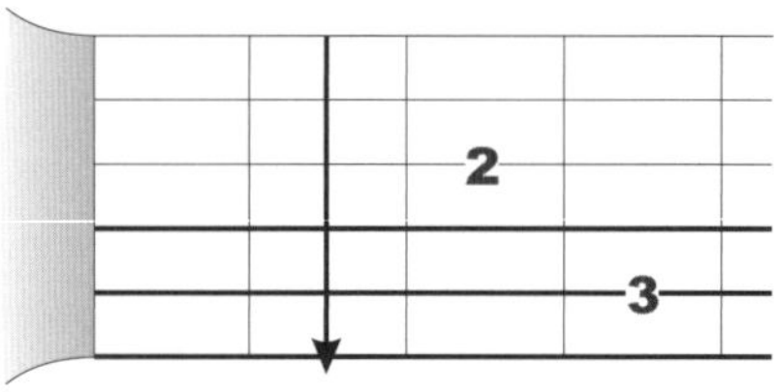

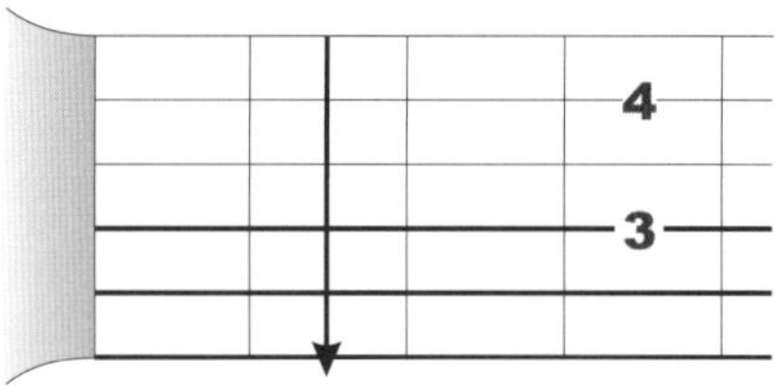

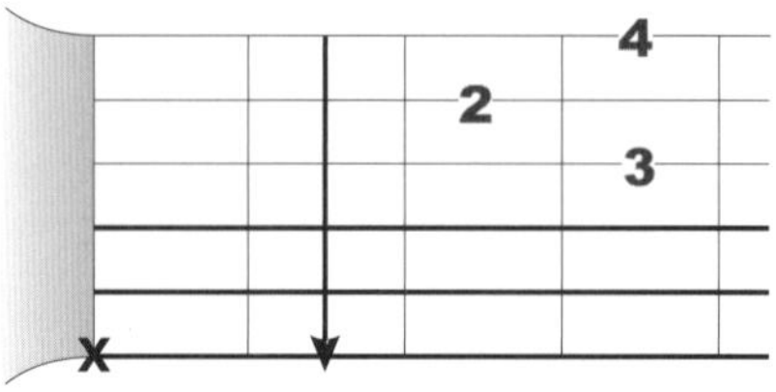

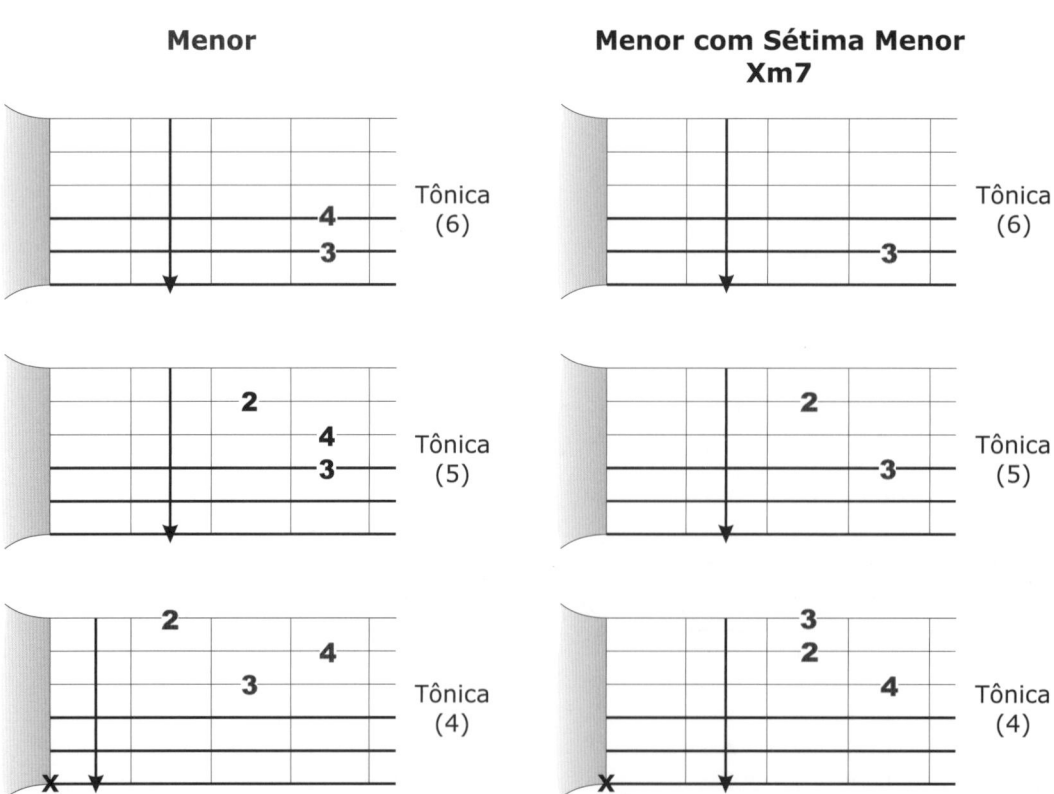

Meio-Diminuto
Xm7(5♭)

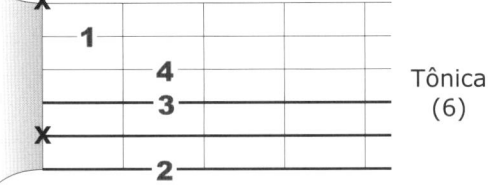
Tônica (6)

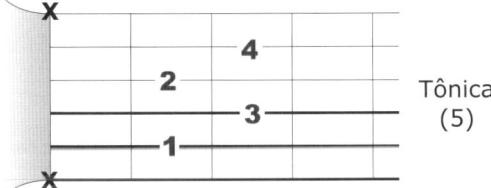
Tônica (5)

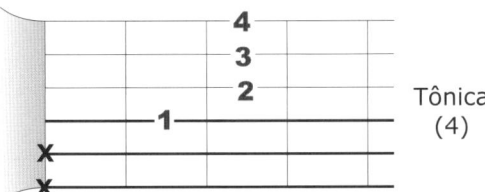
Tônica (4)

MAIOR com Sétima Maior
X7M

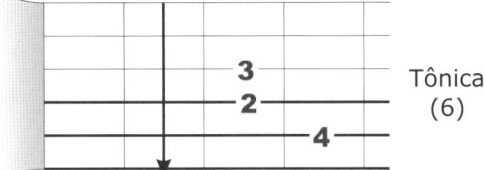
Tônica (6)

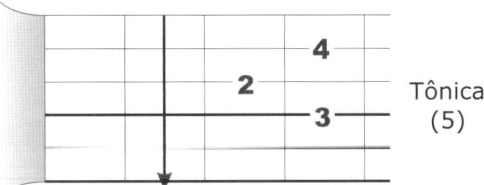
Tônica (5)

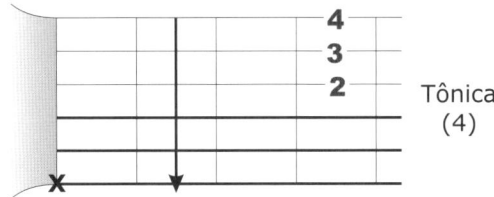
Tônica (4)

Diminuto
X°

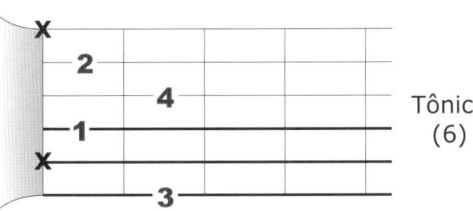
Tônica (6)

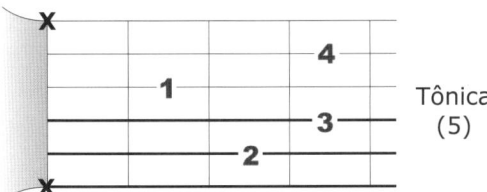
Tônica (5)

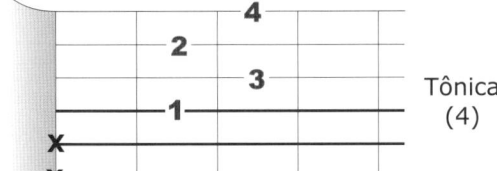
Tônica (4)

Menor com Sétima Maior
Xm7M

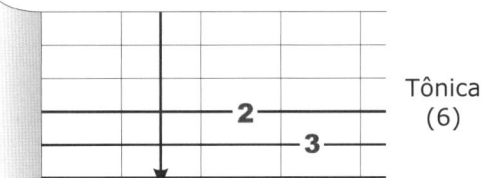
Tônica (6)

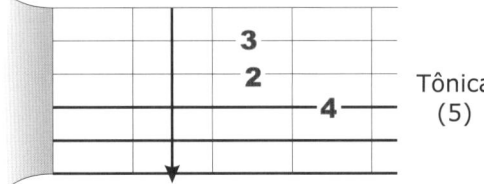
Tônica (5)

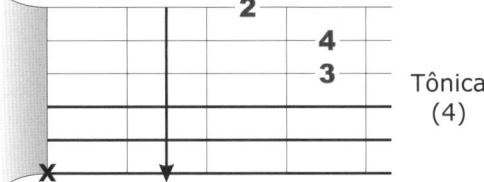
Tônica (4)

Tríades Possíveis

Positivas

Tônica (6)

Tônica (5)

Tônica (4)

Negativas

Tônica (6)

Tônica (5)

Tônica (4)

Tríades nas Primas

Maiores

Tônica (3)

Tônica (2)

Tônica (1)

Menores

Tônica (3)

Tônica (2)

Tônica (1)

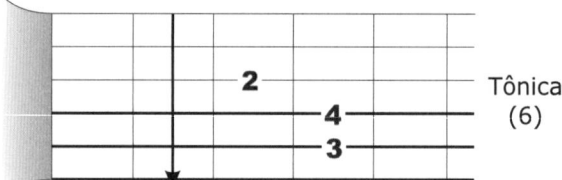

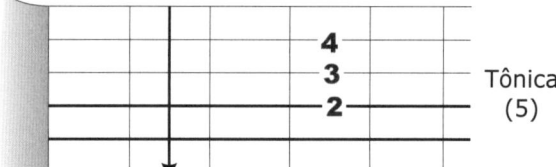

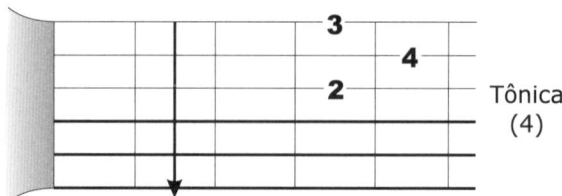

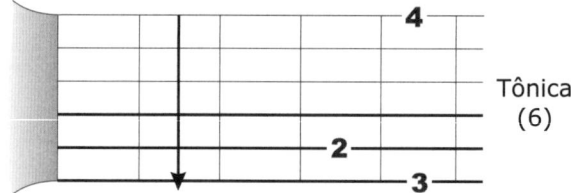

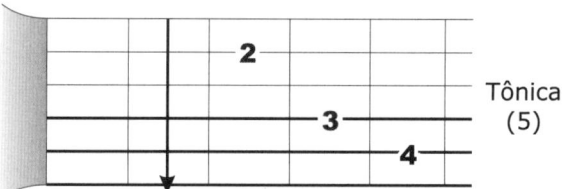

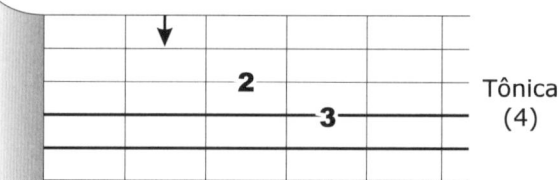

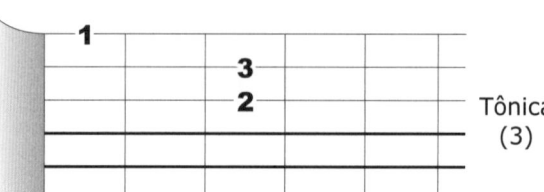

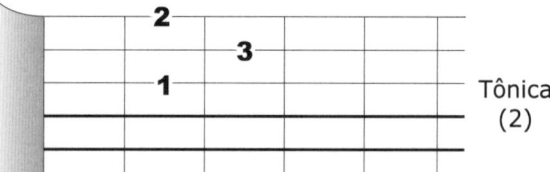

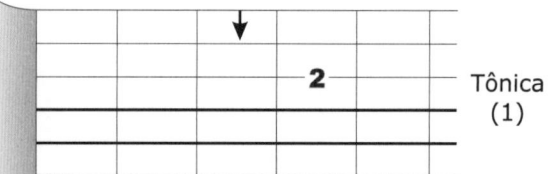

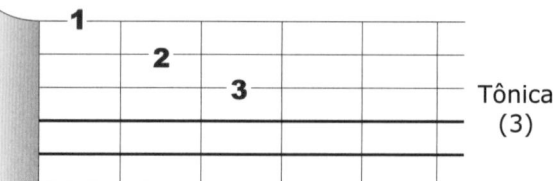

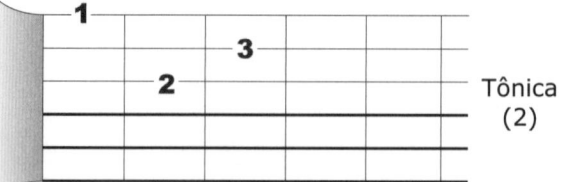

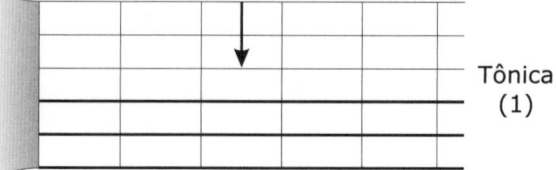

Power Chord

Corda Solta

Corda			3ª casa	5ª casa	7ª casa	10ª casa	12ª casa
Corda **Lá** (5)		‖	Si | Dó	Ré	Mi | Fá	Sol	Lá
Corda **Mi** (6)		‖ Fá	Sol	Lá	Si | Dó	Ré	Mi

POWER CHORD = Acorde de Potência

FORMAÇÃO = 1ª Fundamental + 5ª Justa = X5

2 Notas

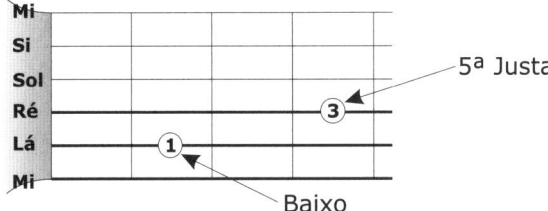

3 Notas

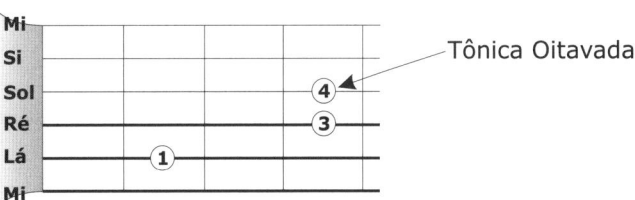

4 Notas

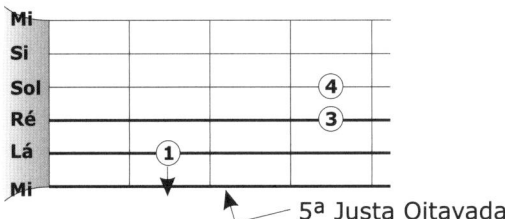

Desenho das Inversões

1ª Inversão - 3ª no Baixo=X/3º   3ª Inversão - 7ª no Baixo=X/7º

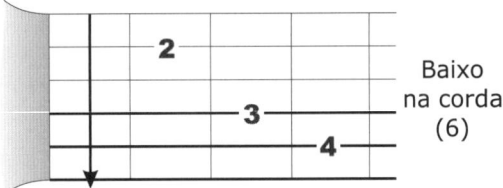
Baixo na corda (6)

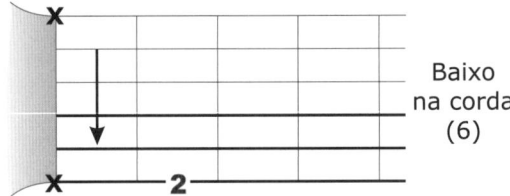
Baixo na corda (6)

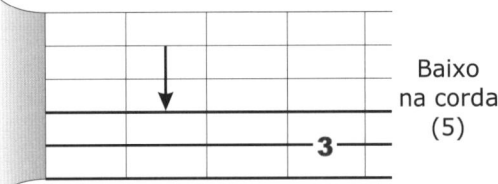
Baixo na corda (5)

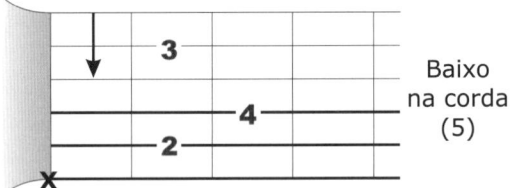
Baixo na corda (5)

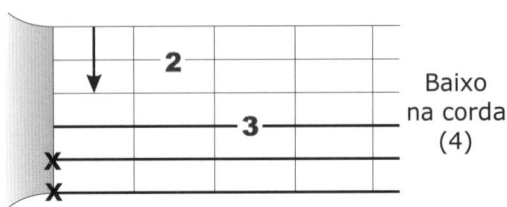
Baixo na corda (4)

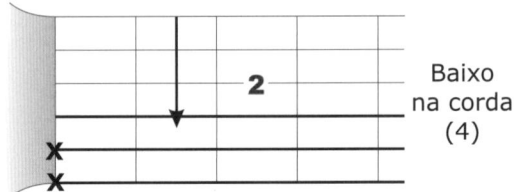
Baixo na corda (4)

2ª Inversão - 5ª no Baixo=X/5º

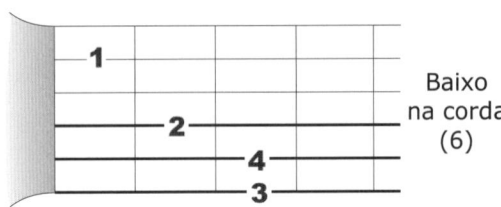
Baixo na corda (6)

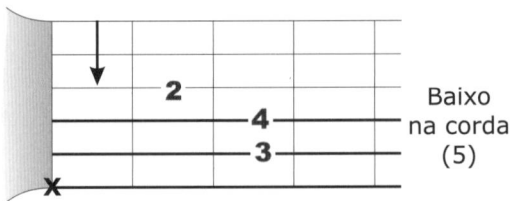
Baixo na corda (5)

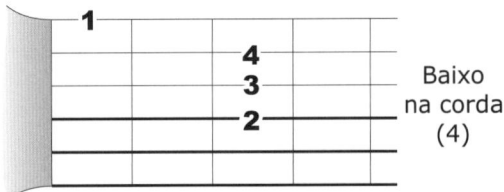
Baixo na corda (4)

Arpejos de Tríade
Notas do acorde tocadas em ordem

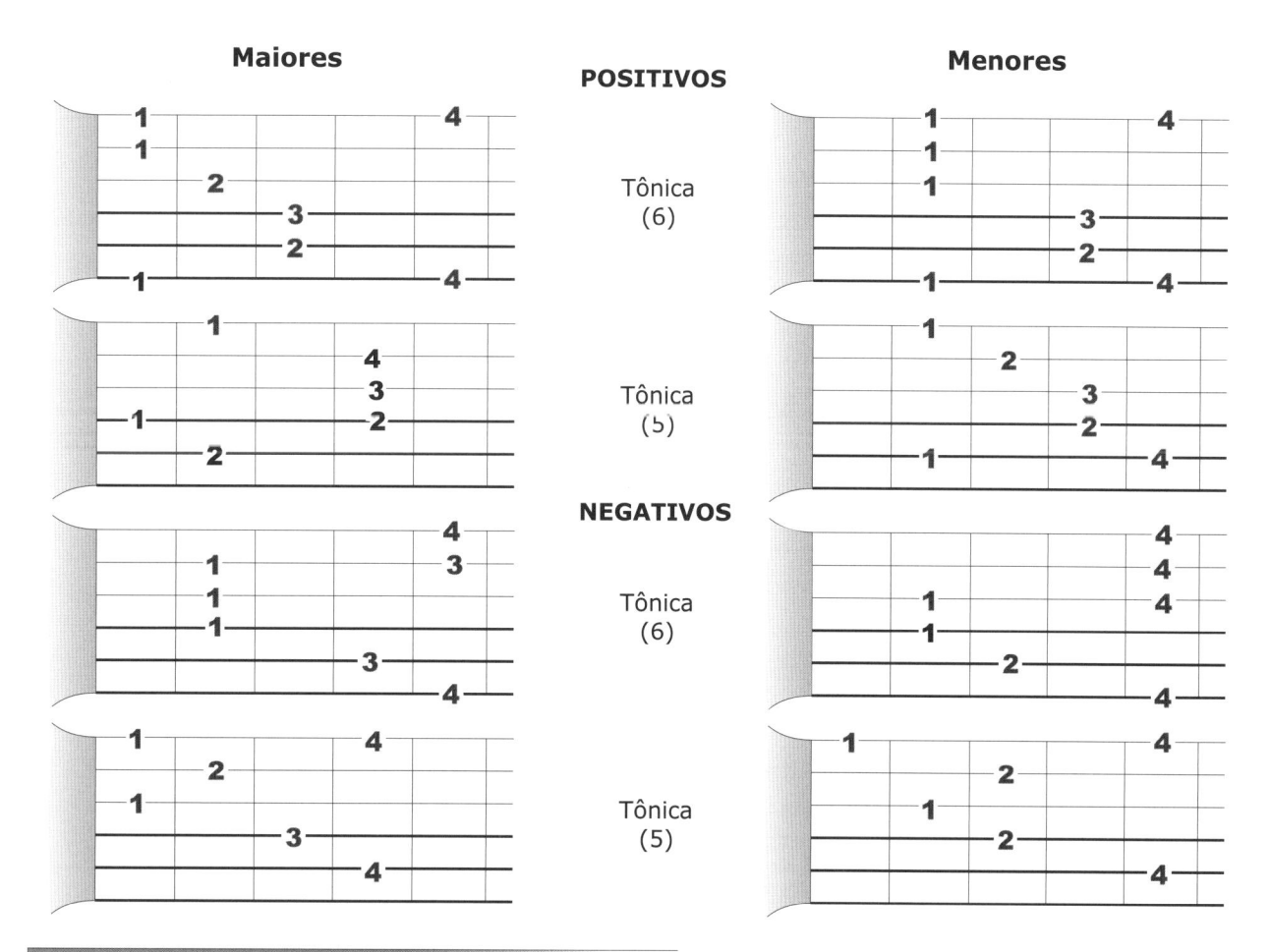

Maiores — POSITIVOS — **Menores**

Tônica (6)

Tônica (5)

NEGATIVOS

Tônica (6)

Tônica (5)

Arpejos com String Skipping

X7M = X7+ = Maior com 7ª Maior

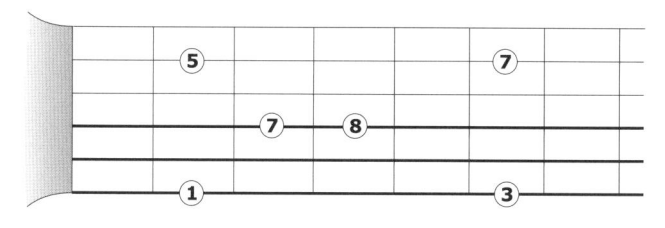

Xm7 = Menor com 7ª Menor

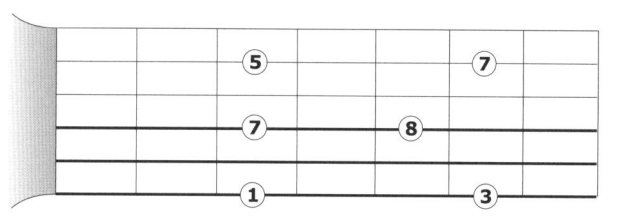

X7 = Maior com 7ª Menor = 7ª Dominante

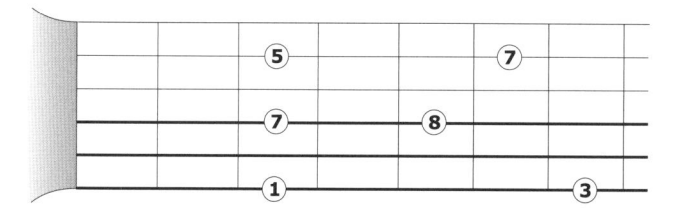

Xm7/5♭ = Xm5-7 = Meio Diminuto

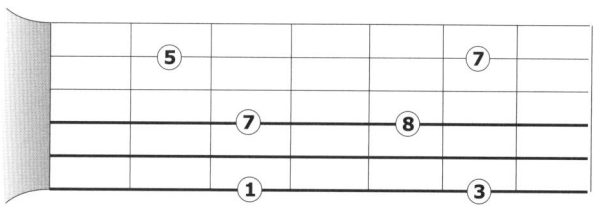

Arpejos de Tétrade

Tônica na 6ª corda   **Tônica na 5ª corda**

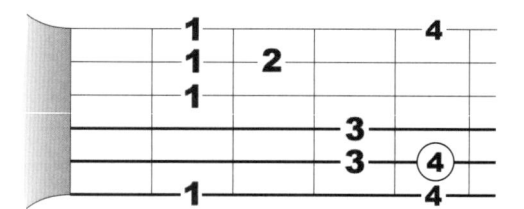

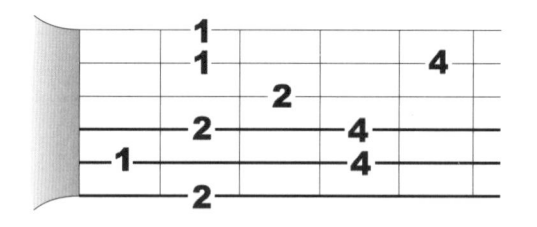

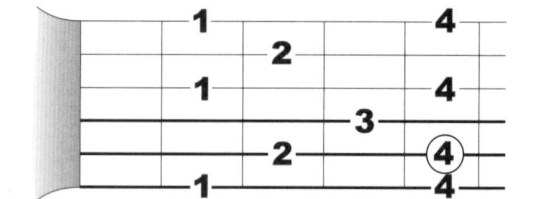

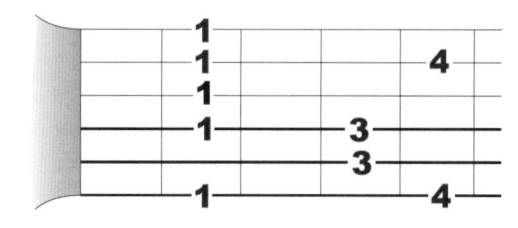

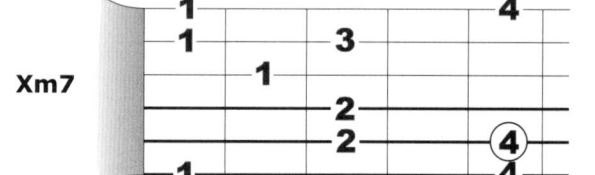

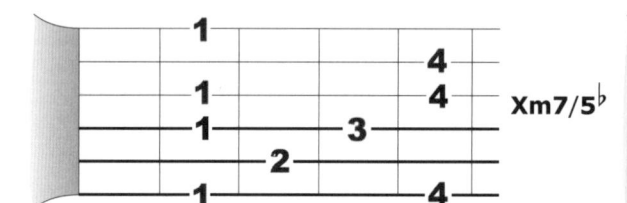

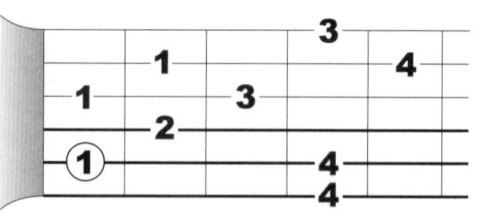

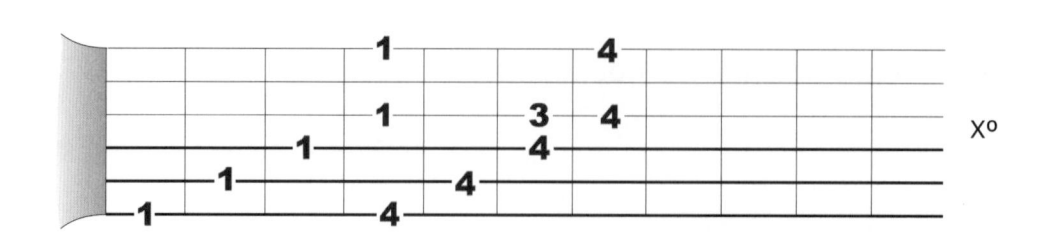

X7M

X7

Xm7

Xm7/5♭

X°

Possibilidades de Acordes com 7ª e 9ª

Tônica na 5ª Corda **Tônica na 4ª Corda**

X7M/9

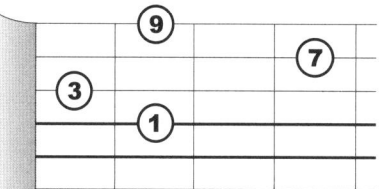

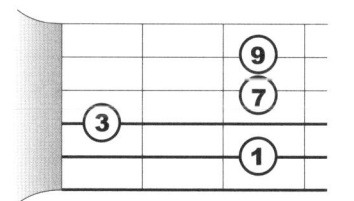

Xm7/9

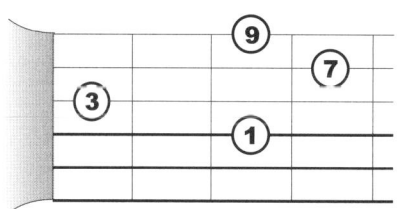

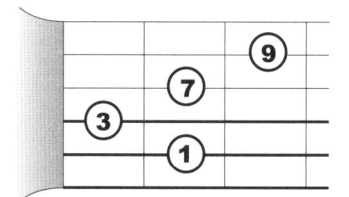

X7/9# (Hendrix Chord)

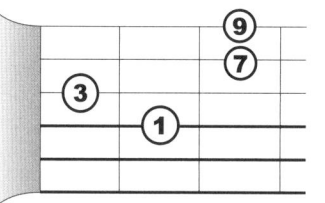

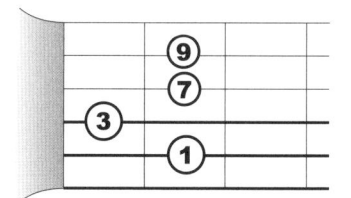

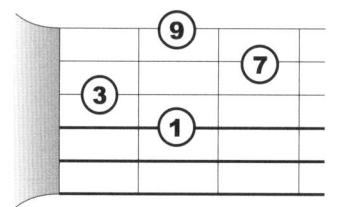

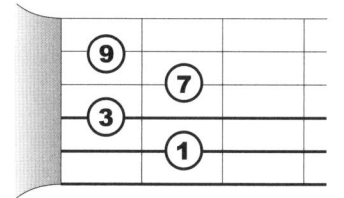

X7/9

X7/9♭

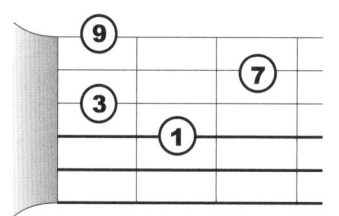

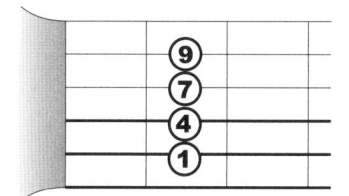

X7/9sus4

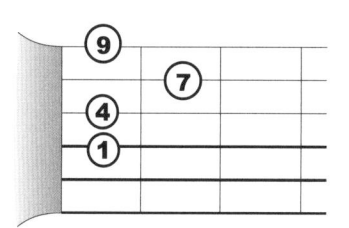

Acordes de Sétima da Dominante

São acordes de *5º Grau* dentro do *Campo Harmônico Maior*, por isso chamados de *Dominantes*.

Possuem o intervalo de *7ª Menor* que é uma nota *Dissonante* e causa uma tensão no ar para preparar o *1º Grau* da tonalidade.

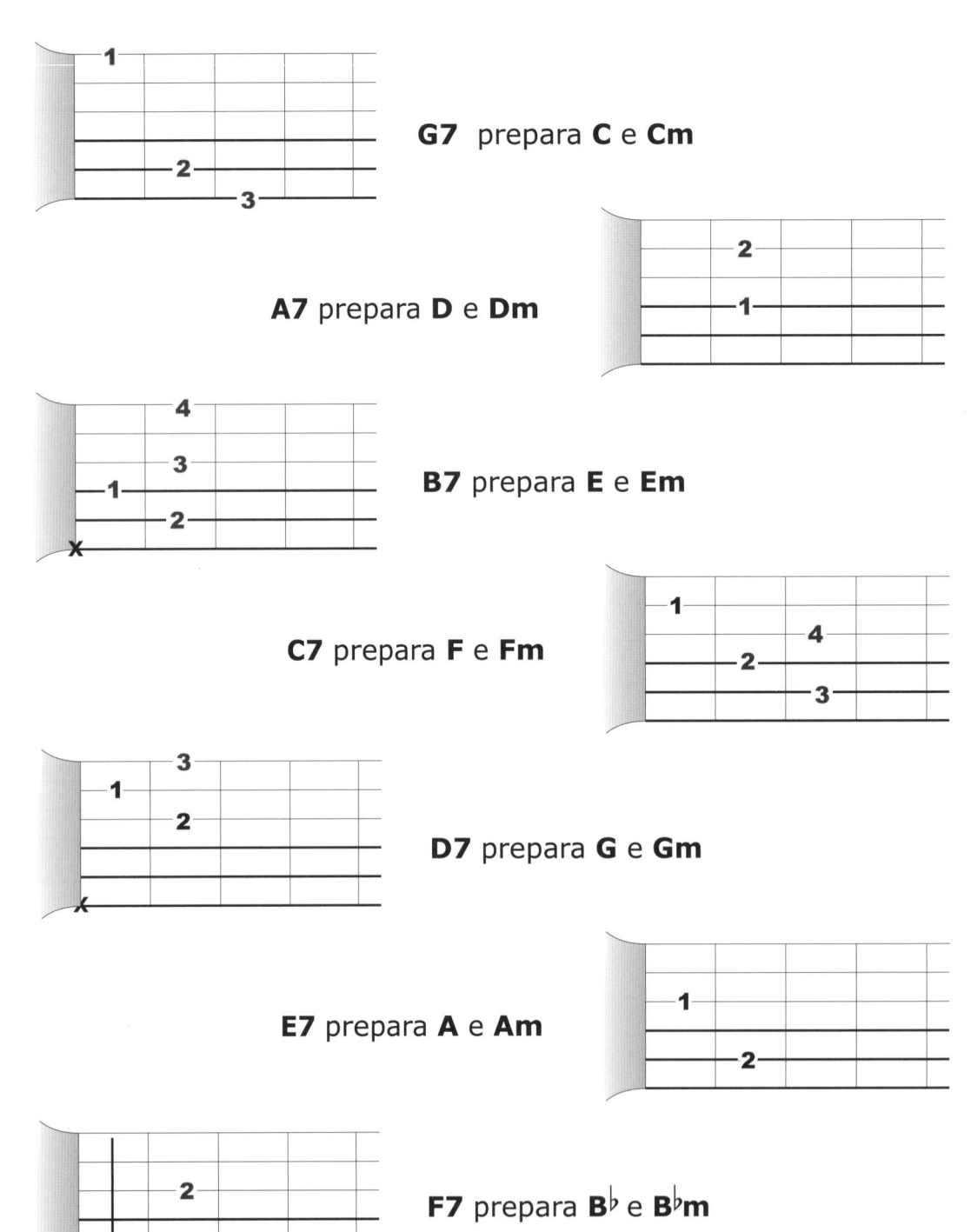

G7 prepara **C** e **Cm**

A7 prepara **D** e **Dm**

B7 prepara **E** e **Em**

C7 prepara **F** e **Fm**

D7 prepara **G** e **Gm**

E7 prepara **A** e **Am**

F7 prepara **B♭** e **B♭m**

Acordes Suspensos e Aumentados

Suspenso
X4 ou Xsus4

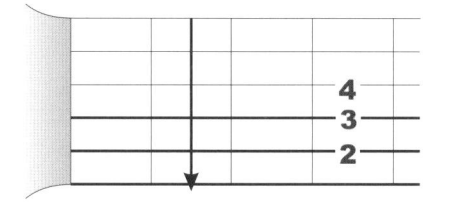

Tônica (6)

Tônica (5)

Tônica (4)

Aumentado
X+ ou X5+ ou X5♯

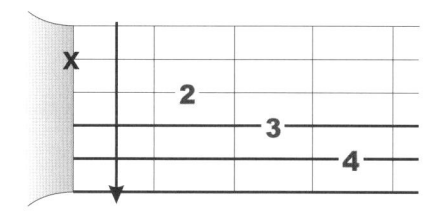

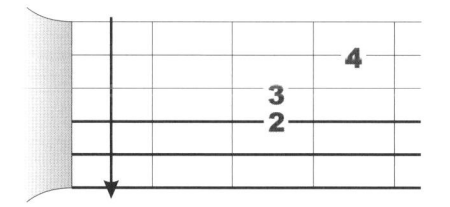

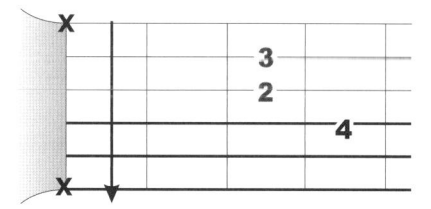

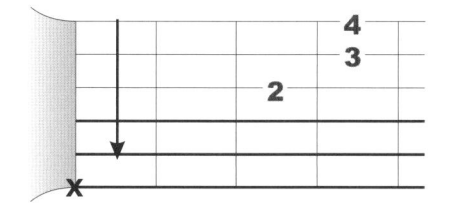

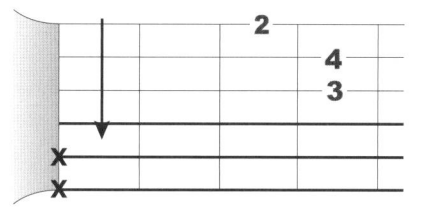

Tônica (6)

Tônica (5)

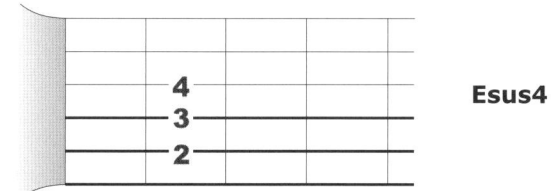

Tônica (4)

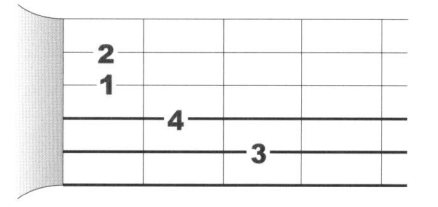

Exemplos

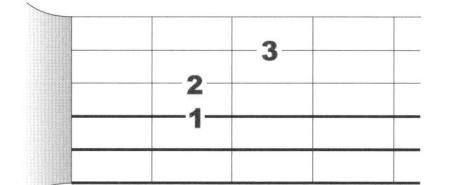

Esus4

Asus4

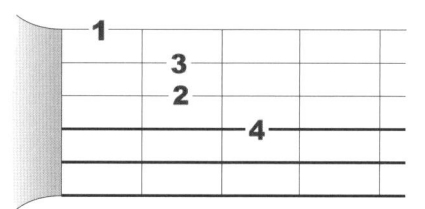

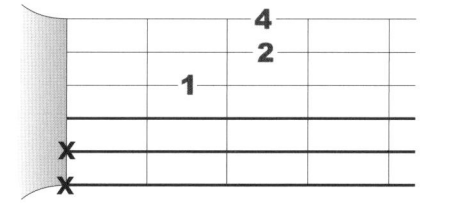

Dsus4

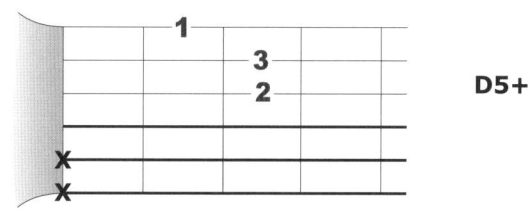

Exemplos

E5+

A5+

D5+

Sensações Filosóficas dos Acordes

Acordes são conjuntos de sons que, por vezes, podem trazer imagens mentais a algumas pessoas. Estas sensações não são definitivas e muito menos exatas para todos, mas aqui estão algumas mais ou menos comuns entre os músicos mais experientes:

Maior
Feliz - Rock - Masculino - Aberto

Menor
Triste - MPB - Feminino - Fechado

Aumentado
Terror - Questionador - Misterioso

Diminuto
Dissonante - Passagem - Mais fechado ainda

Suspenso
Indefinido - Suspense - Assexuado

Power Chord
Potência - Metal - Distorção

Erros de Nomenclatura do Acorde com Nona - X9

No Brasil, vemos livros, revistas e songbooks adotarem essa nomenclatura (X9) para se referirem ao acorde com nona. Entretanto, simplesmente X9 não esclarece qual das três hipóteses abaixo, o autor da música quer que o executante faça. A solução é experimentar na música as três possibilidades e ver qual delas se encaixa melhor ao contexto:

3 Hipóteses:

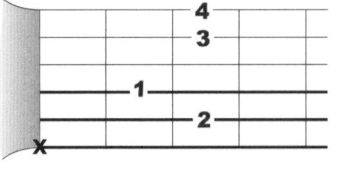

Ⓐ 1° + 3° + 5° + 9° = Xadd9

Exemplo:
Cadd9

Ⓑ 1° + 5° + 9° = Xsus9 = Xsus2

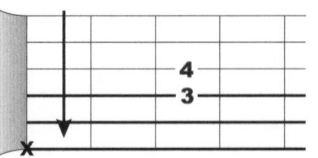

Exemplo:
B♭sus9

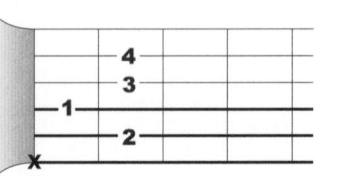

Ⓒ 1° + 3° + 5° + 7° + 9° = X7/9

Exemplo:
B7/9

Acordes com 7ª, 9ª, 11ª e 13ª

Aí estão alguns acordes dominantes - **X7** - (acordes maiores com sétima menor) muito utilizados como preparação em estilos musicais mais bem elaborados como Jazz, Bossa Nova e MPB.

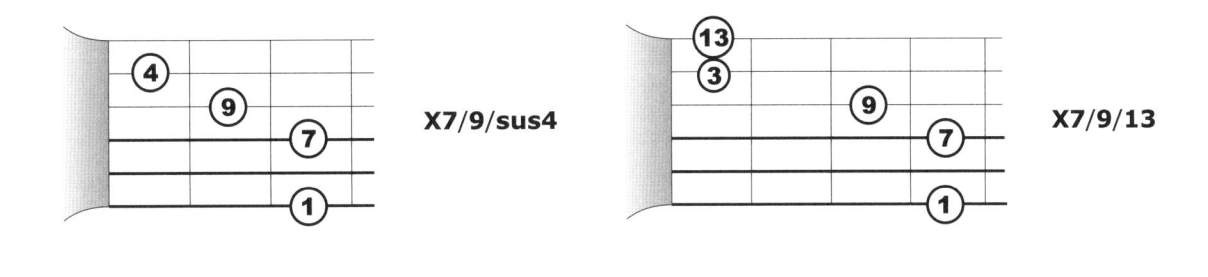

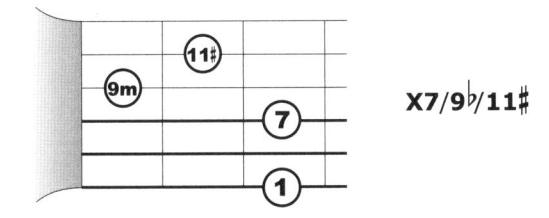

X7/9/sus4

X7/9/13

X7/9♭/11♯

II Cadencial

Depois da preparação de V7, o II Cadencial é a preparação mais usada em estilos musicais bem feitos.

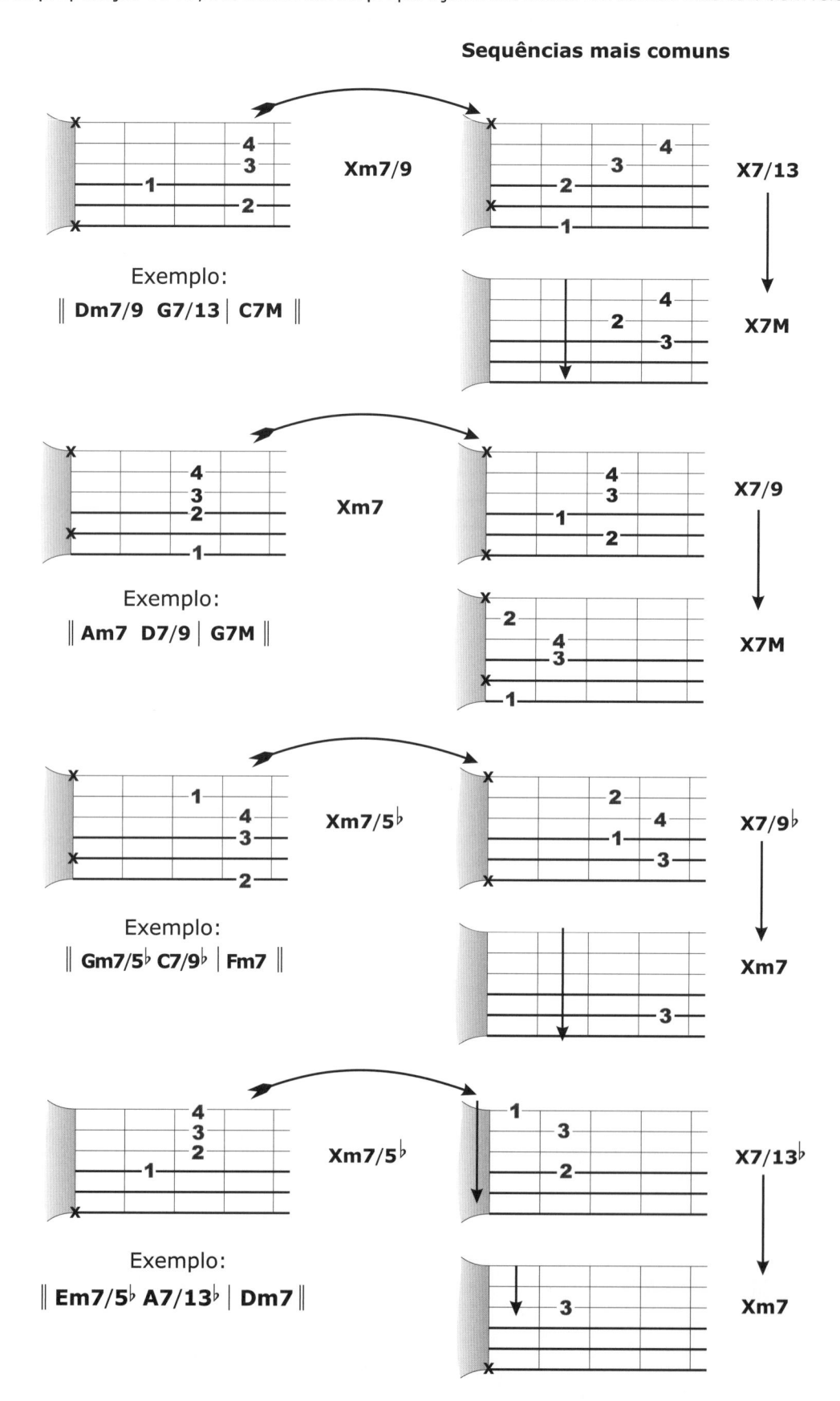

Sequências mais comuns

Xm7/9 → X7/13 → X7M

Exemplo:
‖ Dm7/9 G7/13 | C7M ‖

Xm7 → X7/9 → X7M

Exemplo:
‖ Am7 D7/9 | G7M ‖

Xm7/5♭ → X7/9♭ → Xm7

Exemplo:
‖ Gm7/5♭ C7/9♭ | Fm7 ‖

Xm7/5♭ → X7/13♭ → Xm7

Exemplo:
‖ Em7/5♭ A7/13♭ | Dm7 ‖

3ª Parte

Escalas

*O objetivo de
toda boa música
é tocar a alma*

Claudio Monteverdi (1567-1643)

Escalas

MAIOR

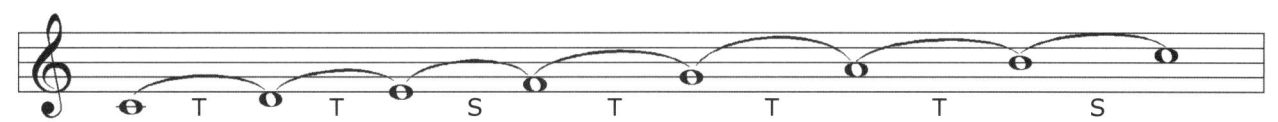

T T S T T T S

PENTATÔNICA Maior e Menor (começa no *VI grau*)

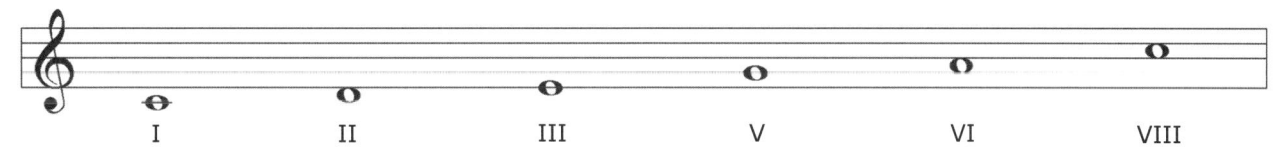

I   II   III   V   VI   VIII

BLUES = Pentatônica Menor + Blue Note

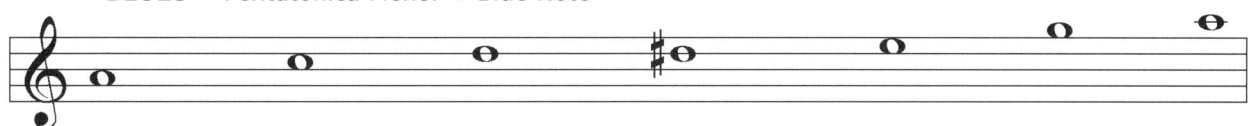

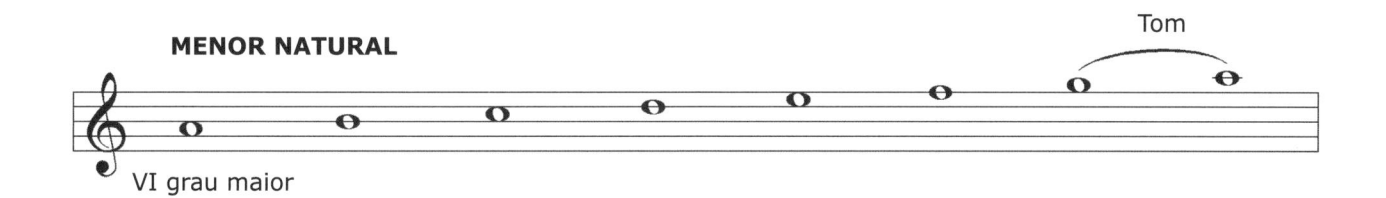

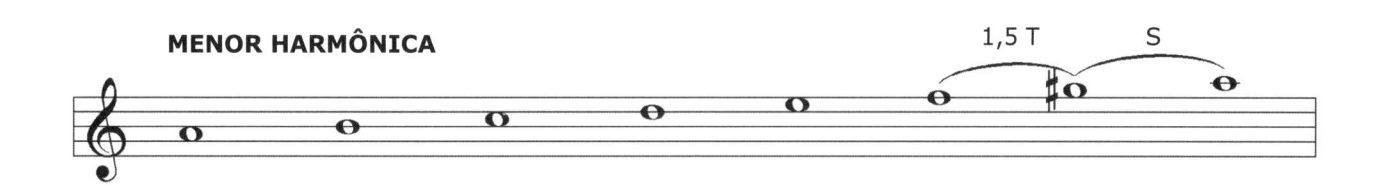

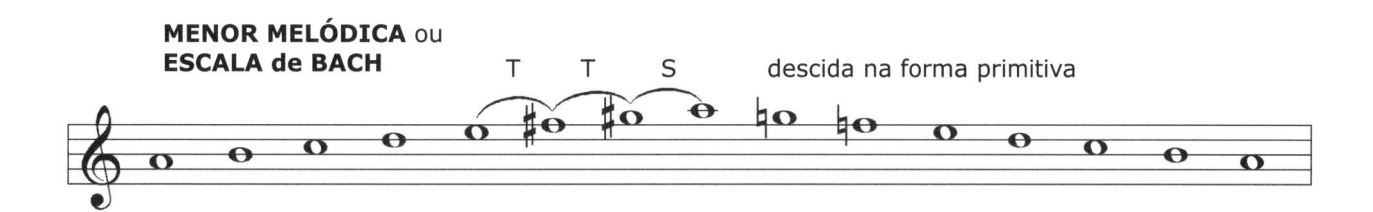

MENOR NATURAL

Tom

VI grau maior

MENOR HARMÔNICA

1,5 T   S

MENOR MELÓDICA ou **ESCALA de BACH**

T   T   S   descida na forma primitiva

CROMÁTICA ou **DODECAFÔNICA** (doze notas)

Sequência de Semitons = todas as notas

DIMINUTA - 2 Versões = Tom-Semitom e Semitom-Tom **(dom-dim** ou **dim-dom)**

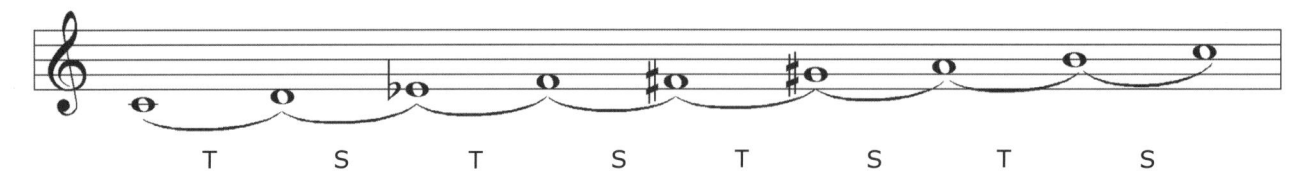

T S T S T S T S

TOM INTEIRO ou **HEXAFÔNICA** (seis notas)

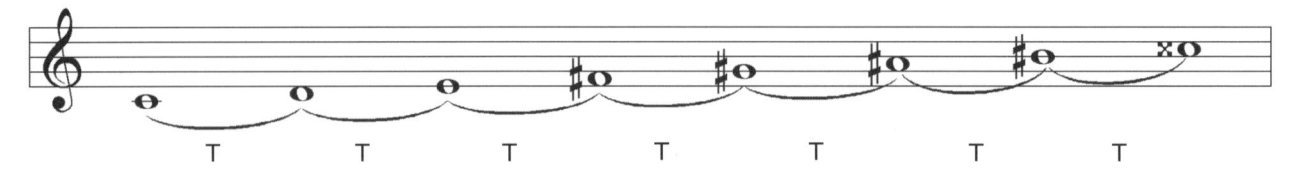

T T T T T T T

Essas 3 útimas Escalas são conhecidas como **Escalas Simétricas**.

Desenhos das Escalas Maiores e Pentatônicas

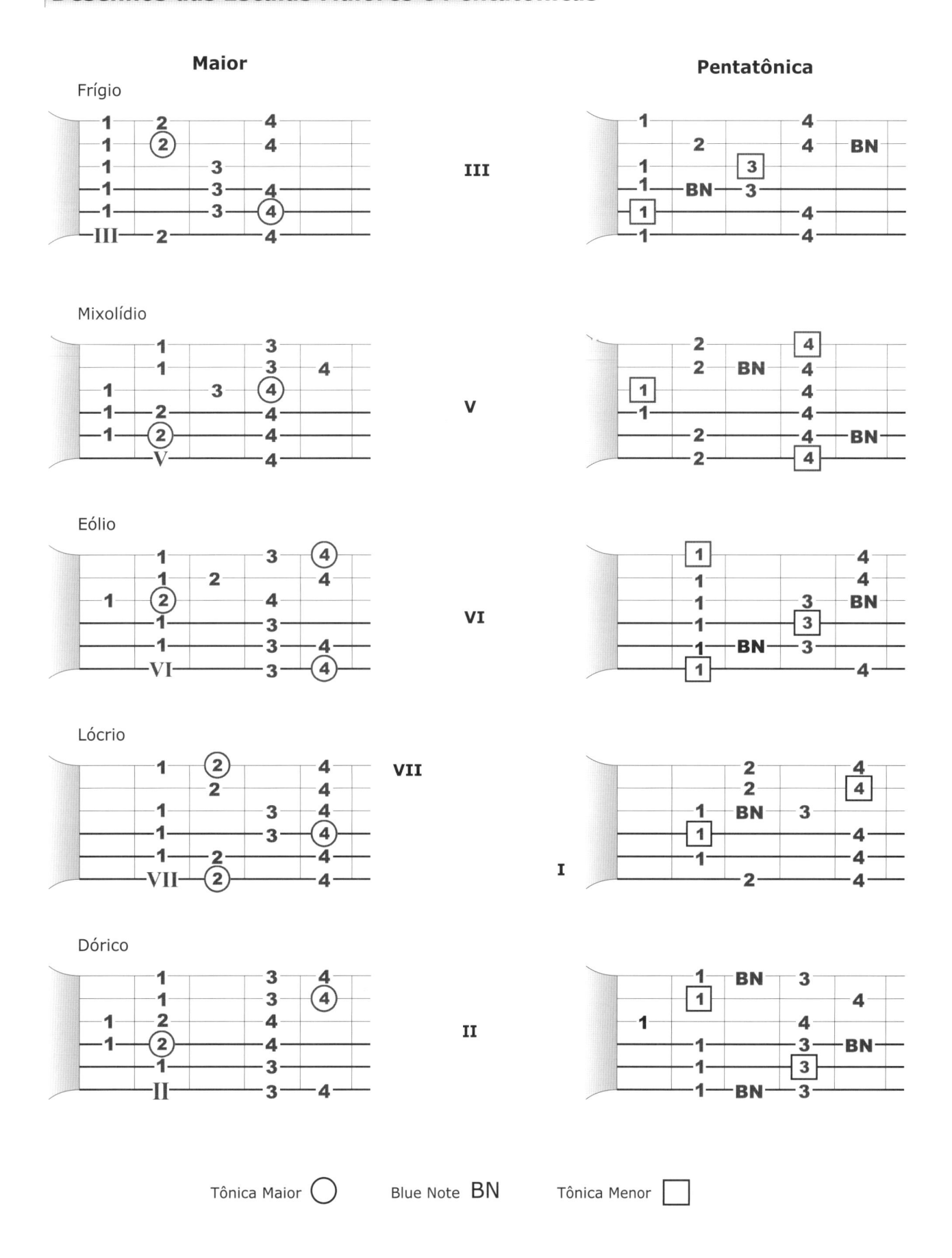

Maior   **Pentatônica**

Frígio — III

Mixolídio — V

Eólio — VI

Lócrio — VII — I

Dórico — II

Tônica Maior ◯   Blue Note BN   Tônica Menor ☐

Treinamento
Desenho das Escalas Maiores e Pentatônicas

DECORAR

Todos os Desenhos

Nome de cada um

Grau em que começa

Localização das Tônicas Maiores

Localização das Tônicas Menores

Localização das Blue Notes

TREINAR

Do Grave para o Agudo na Escala Maior tocando três vezes as Tônicas Maiores

Do Agudo para o Grave na Escala Pentatônica tocando três vezes as Tônicas Menores e usando a alavanca ou usando um vibrato nas Blue Notes

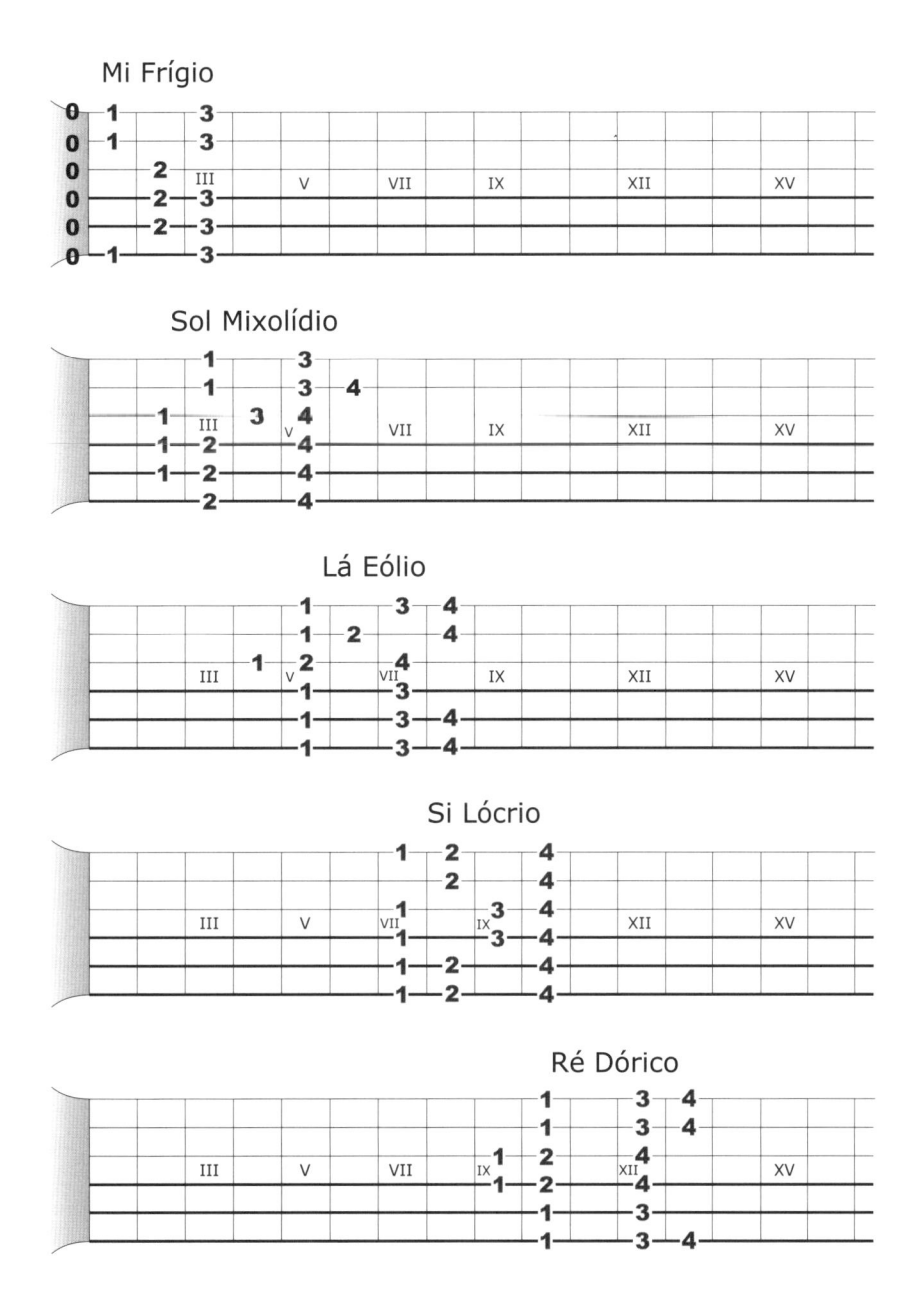

Visão Horizontal dos Modos

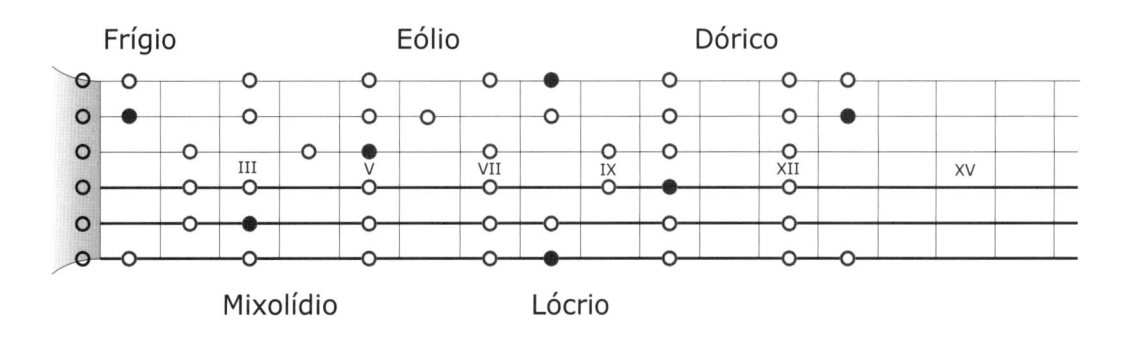

Mi Frígio

Sol Mixolídio

Lá Eólio

Si Lócrio

Ré Dórico

Frígio — Eólio — Dórico

Mixolídio — Lócrio

Visão Horizontal da Pentatônica

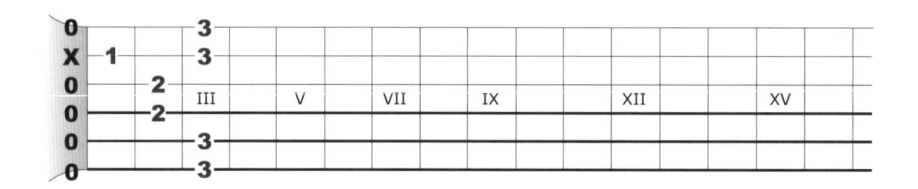

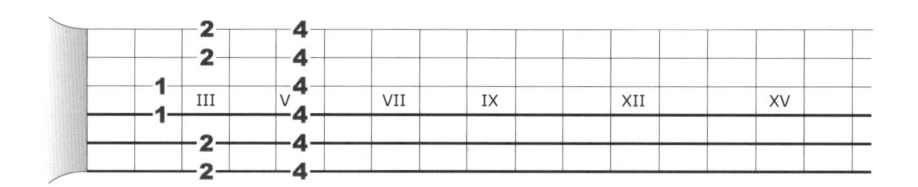

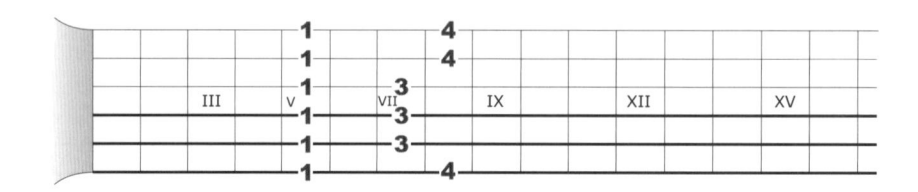

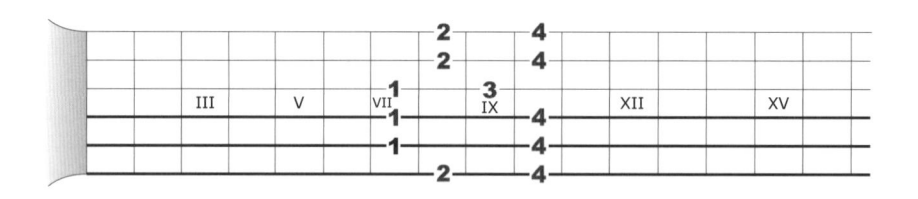

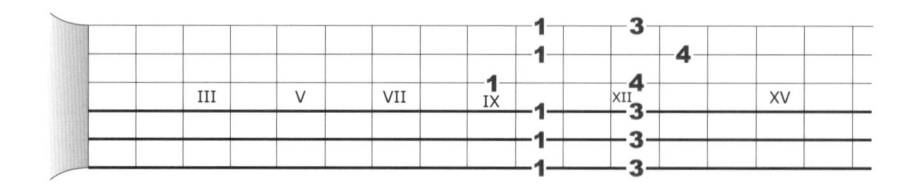

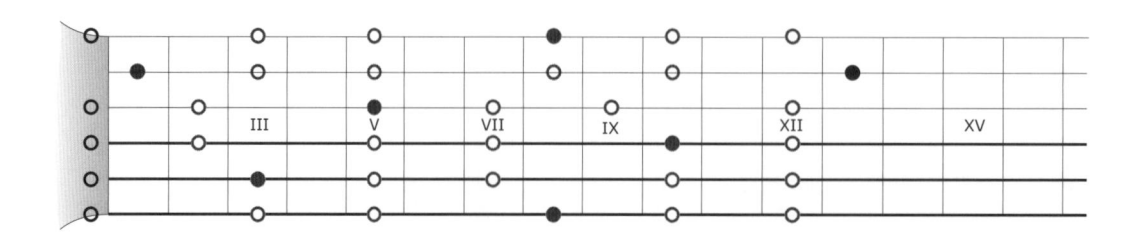

Modos Gregos ou Litúrgicos

1º GRAU (Tônica) - Dó a Dó - JÔNICO

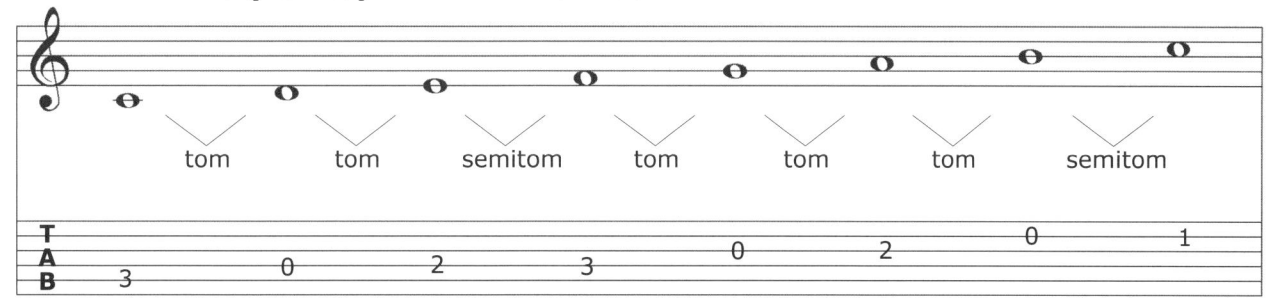

tom — tom — semitom — tom — tom — tom — semitom

2º GRAU (Supertônica) - Ré a Ré - DÓRICO

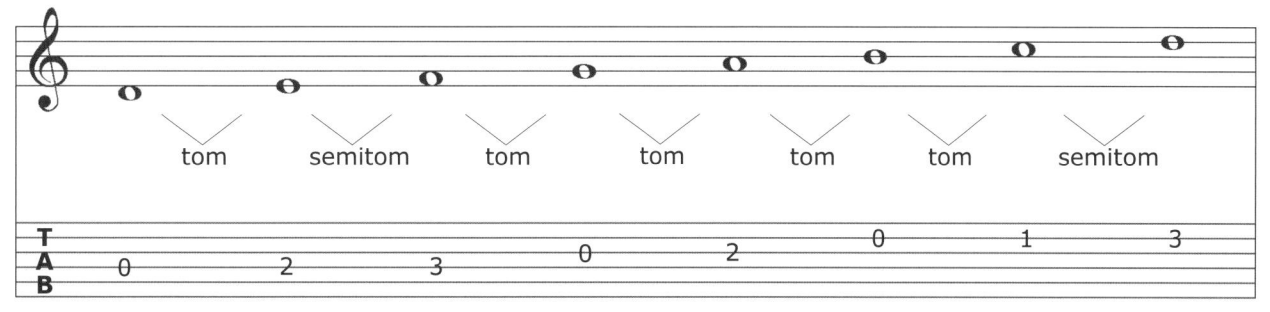

tom — semitom — tom — tom — tom — semitom — tom

(rotulagem conforme aparece na imagem: tom, semitom, tom, tom, tom, tom, semitom)

3º GRAU (Mediante) - Mi a Mi - FRÍGIO

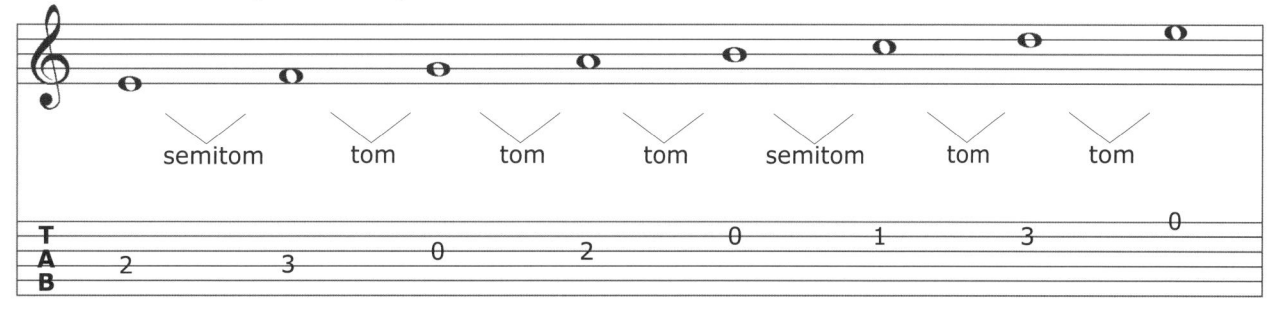

semitom — tom — tom — tom — semitom — tom — tom

4º GRAU (Subdominante) - Fá a Fá - LÍDIO

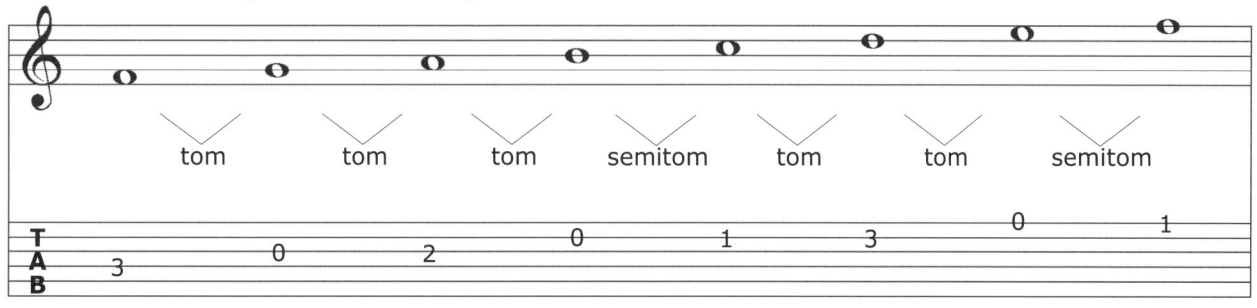

tom — tom — tom — semitom — tom — tom — semitom

5º GRAU (Dominante) - Sol a Sol - MIXOLÍDIO

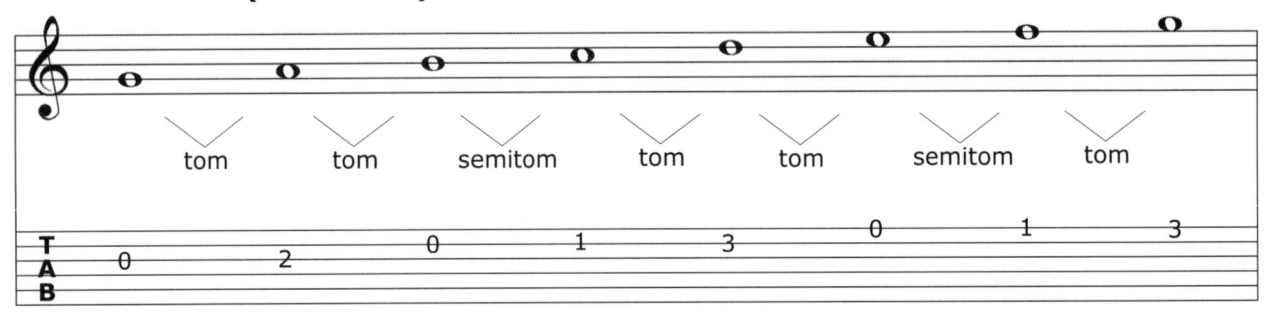

tom — tom — semitom — tom — tom — semitom — tom

6º GRAU (Superdominante) - Lá a Lá - EÓLIO

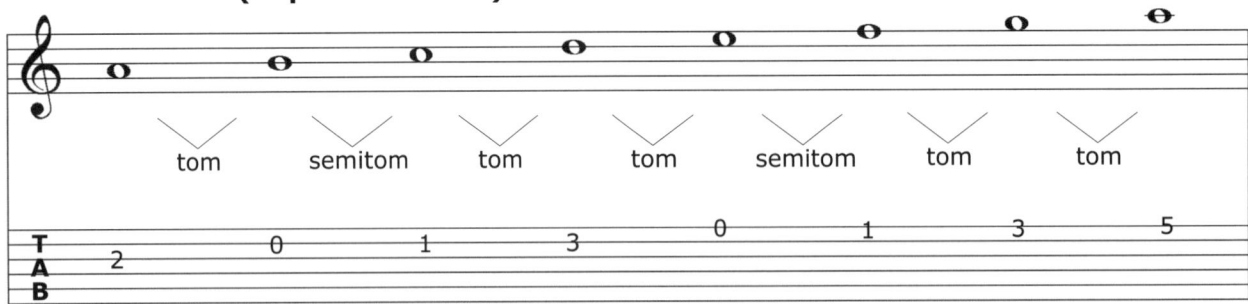

tom — semitom — tom — tom — semitom — tom — tom

7º GRAU (Sensível) - Si a Si - LÓCRIO

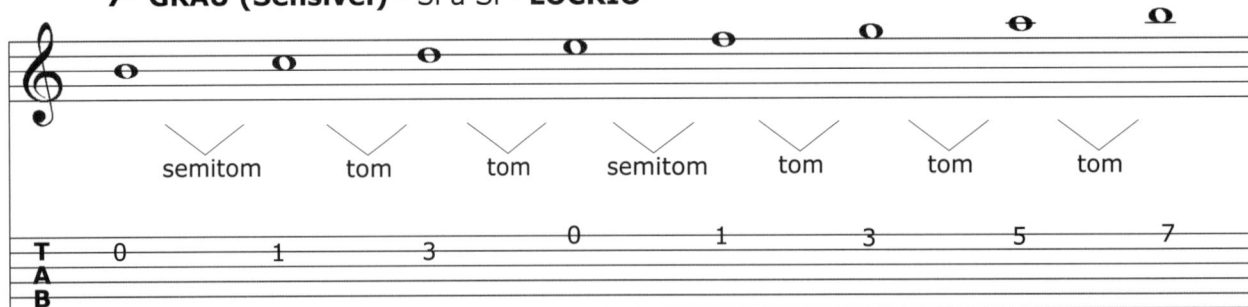

semitom — tom — tom — semitom — tom — tom — tom

Utilização dos Modos nas Tonalidades

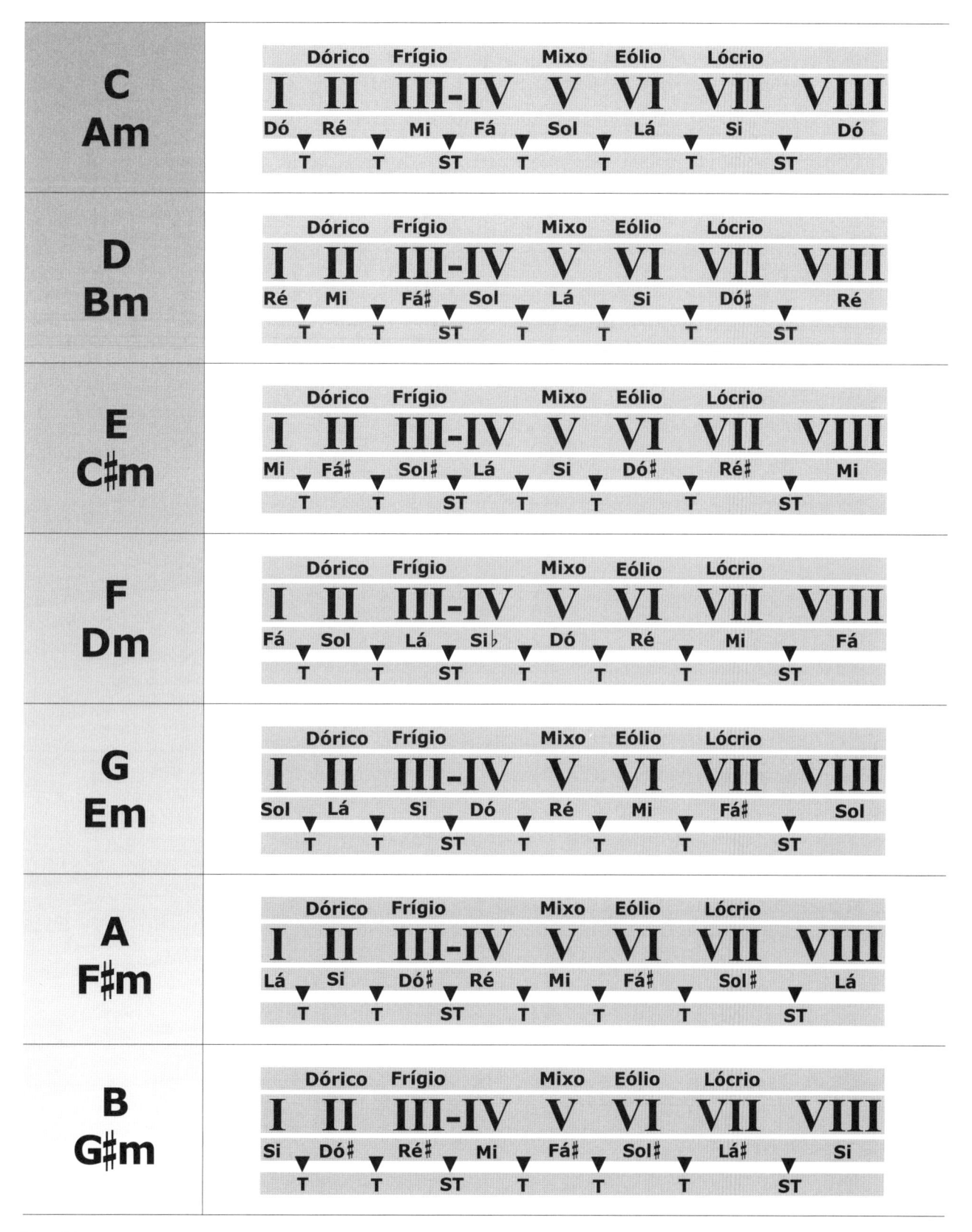

Tonalidade	I	II	III-IV	V	VI	VII	VIII
		Dórico	Frígio	Mixo	Eólio	Lócrio	
C / Am	Dó	Ré	Mi – Fá	Sol	Lá	Si	Dó
	T	T	ST	T	T	T	ST
D / Bm	Ré	Mi	Fá# – Sol	Lá	Si	Dó#	Ré
	T	T	ST	T	T	T	ST
E / C#m	Mi	Fá#	Sol# – Lá	Si	Dó#	Ré#	Mi
	T	T	ST	T	T	T	ST
F / Dm	Fá	Sol	Lá – Si♭	Dó	Ré	Mi	Fá
	T	T	ST	T	T	T	ST
G / Em	Sol	Lá	Si – Dó	Ré	Mi	Fá#	Sol
	T	T	ST	T	T	T	ST
A / F#m	Lá	Si	Dó# – Ré	Mi	Fá#	Sol#	Lá
	T	T	ST	T	T	T	ST
B / G#m	Si	Dó#	Ré# – Mi	Fá#	Sol#	Lá#	Si
	T	T	ST	T	T	T	ST

T = Tom
ST = Semitom

Desenho dos Modos Gregos ou Litúrgicos

JÔNICO - 1º Grau

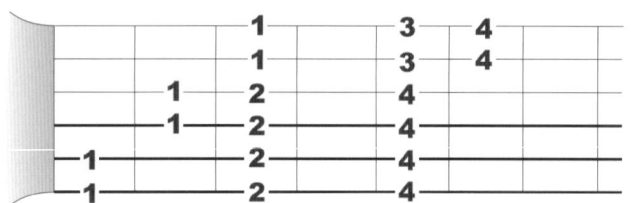

DÓRICO - 2º Grau

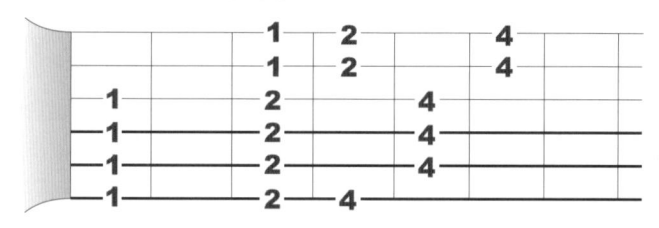

FRÍGIO - 3º Grau

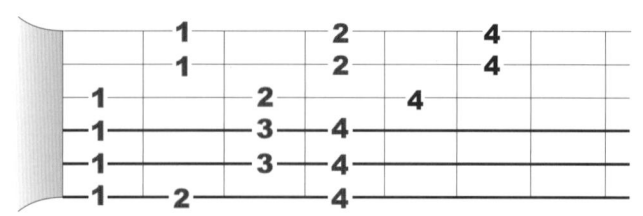

LÍDIO - 4º Grau

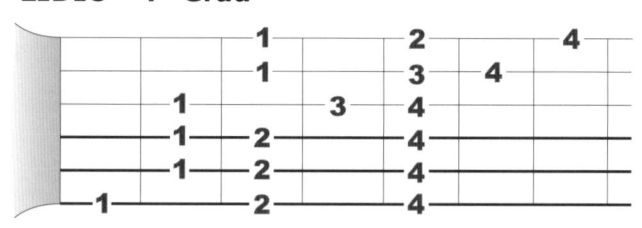

MIXOLÍDIO - 5º Grau

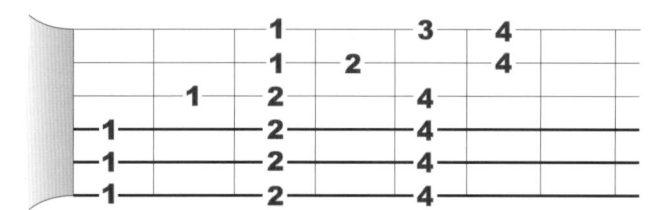

EÓLIO - 6º Grau

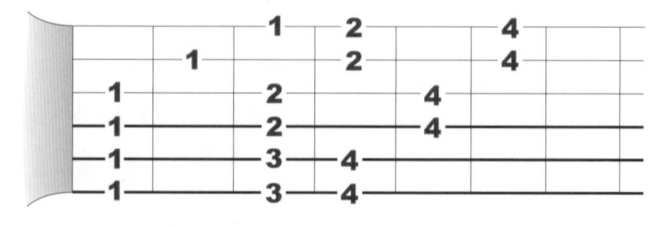

LÓCRIO - 7º Grau

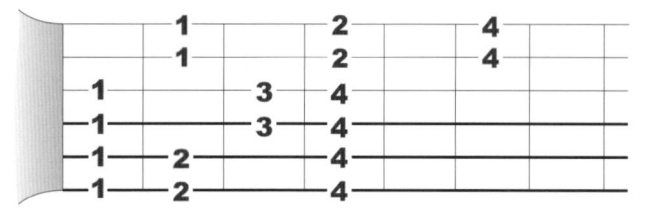

Harmonia Modal

Jônio: T 2 3 4 5 6 7 T (maj.nat.)
(Maior "modelo")
(Usada em MPB, Jazz, por causa da 7ªM)

Dórico: T 2 3m 4 5 (6) 7m T (menor 6ªM)
Dm 6/9 (Modo usado em MPB)

Frígio: T (2m) 3m 4 5 6m 7m T (menor 9♭)
(Modo usado em música espanhola)

Lídio: T 2 3 (4aug) 5 6 7 T (maj.4♯/11♯)
(Modo usado em música nordestina)

Mixo: T 2 3 4 5 6 (7m) T (maj.7)
(Modo usado em música nordestina, rock, blues)

Eólio: T 2 3m 4 5 6m 7m T (menor nat.)
(Menor "modelo")

Lócrio: T 2m 3m 4 (5dim) 6m 7m T (meio dim 9♭,13♭)

Escalas Relativas

Para toda *Escala Maior* existe uma *Escala Menor Relativa* e vice-versa.

A *Escala Menor* começa no *VI grau* da *Escala Maior*.

As *Escalas Maiores* e *Menores* estão separadas *1,5 tom* entre si:

Maiores
- **C:** -1,5 tom = **Am**
- **D:** -1,5 tom = **Bm**
- **E:** -1,5 tom = **C♯m**
- **F:** -1,5 tom = **Dm**
- **G:** -1,5 tom = **Em**
- **A:** -1,5 tom = **F♯m**
- **B:** -1,5 tom = **G♯m**

Menores
- **Cm:** +1,5 tom = **E♭**
- **Dm:** +1,5 tom = **F**
- **Em:** +1,5 tom = **G**
- **Fm:** +1,5 tom = **A♭**
- **Gm:** +1,5 tom = **B♭**
- **Am:** +1,5 tom = **C**
- **Bm:** +1,5 tom = **D**

Desenhos das Escalas Menores

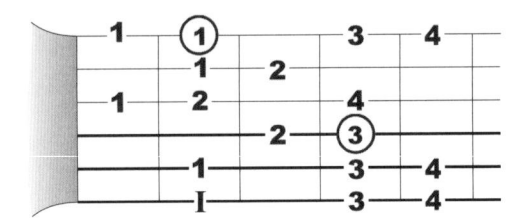

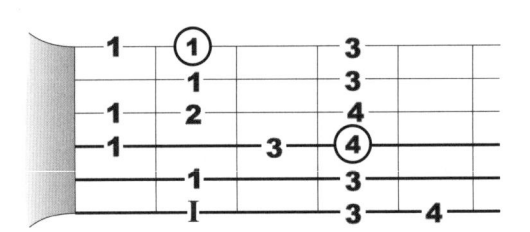

Harmônica   **Melódica** ou de **Bach**

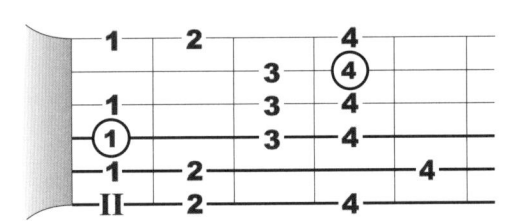

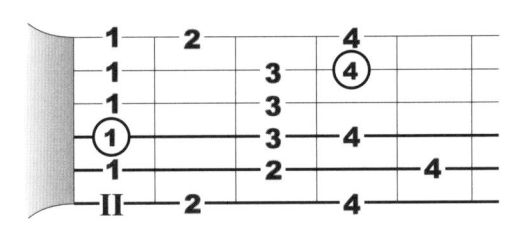

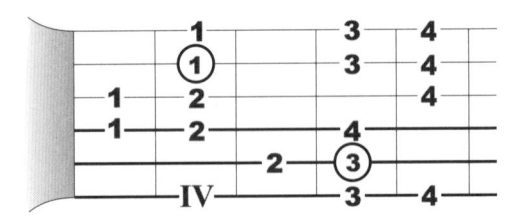

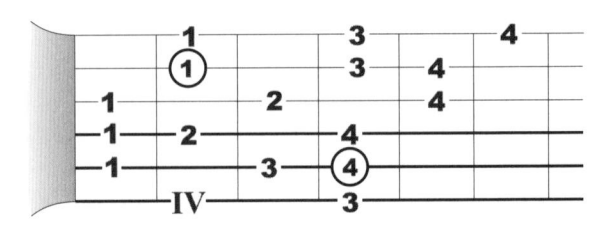

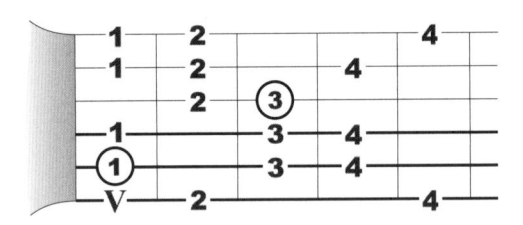

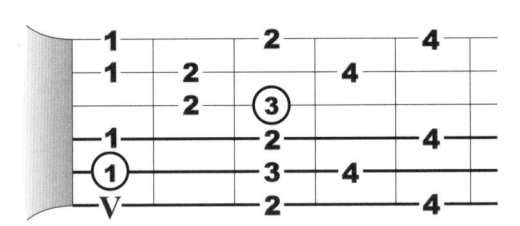

Escala Diminuta

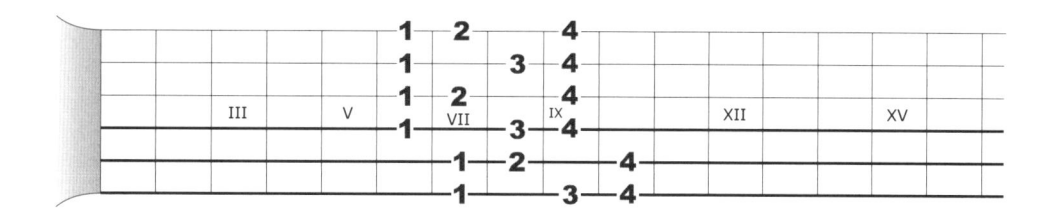

Escala de B° = Si - Dó♯ - Ré - Mi - Fá - Sol - Lá♭ - Lá♯
              I   II   III♭ IV   V♭   VI♭ VII° VIIM

Dim-Dom = Acordes Diminutos = Tom-Semitom

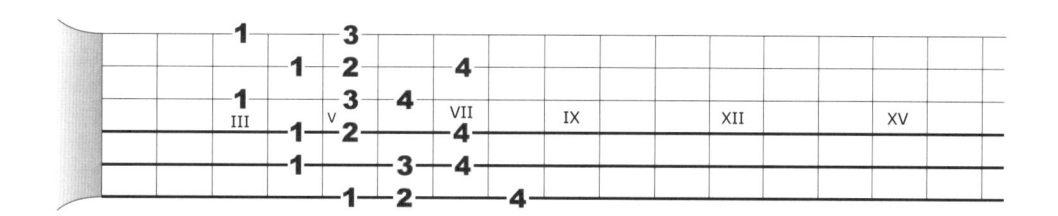

Escala de A° = Lá - Si♭ - Dó - Ré♭ - Mi♭ - Fá♭ - Sol♭ - Lá♭♭
              I   II♭   III♭ IV♭   V♭   VI° VII° VII♭

Dom-Dim = Semitom-Tom = Acordes Dominantes X7

Arpejo Diminuto

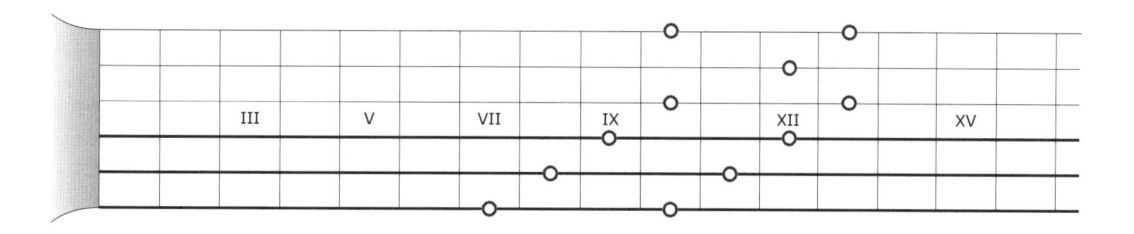

Arpejo de B° = Si - Ré - Fá - Lá♭
              I   III♭ V♭   VII°

um conselho:

A próxima parte do livro é dedicada aos exercícios, ou seja, técnica pura muscular.

O desenvolvimento é gradativo! É impossível aprender algo novo de uma só vez. A guitarra ou o violão é um instrumento complexo, portanto, só passe para o próximo exercício quando o anterior já estiver completamente dominado. Uma boa medida é ver se você ultrapassou o dobro da velocidade de quando você iniciou o exercício no metrônomo. Por isso, lembre-se de começar o mais lento e consciente possível de cada movimento.

Tenha disciplina de estudo, mais vale estudar todos os dias durante 15 minutos do que apenas uma vez por semana durante horas. É como nunca regar uma planta que está crescendo e um belo dia despejar um balde enorme de água nela!!

Durante o sono, quando o corpo adormece, o cérebro aprende e fixa o que foi treinado durante o dia.

alongamento:

Todos os dias, antes de começar, não se esqueça de alongar os músculos e tendões. Assim como um jogador de futebol que deve se alongar e aquecer antes de entrar em campo, você também precisa fazer alguns movimentos de alongamento por uns dez minutos antes de começar a se exercitar.

Alongue o ombro, o braço, o pulso e os dedos das duas mãos. Preste atenção e coloque esta prática dentro de seu cronograma diário. Após 30 minutos de exercício, é recomendado também repetir os mesmos alongamentos para relaxar os músculos e tendões e assim você nunca sofrerá nenhum tipo de lesão.

Procure manter uma postura reta ao sentar. Isso é muito importante e suas costas agradecerão a você.

Qualquer dúvida procure o seu médico ou fisioterapeuta de confiança e lembre-se sempre:

Música também é saúde!

4ª Parte

Exercícios

Os exercícios do Curso CAVALLIERI estão disponíveis gratuitamente e poderão ser praticados e ouvidos pelo estudante, visitando o meu site em *www.cavallieri.com.br*. Os arquivos têm a extensão *.gtp* e são executados no programa Guitar Pro *www.guitarpro.com*.

Eles estão em ordem de dificuldade e abrangem todas as técnicas necessárias para se tocar o instrumento com clareza e precisão. É necessário que o estudo se faça com metrônomo para que o aluno tenha a clara percepção do seu desenvolvimento a cada dia.

Nada mais importante do que a rotina de estudo diário! Os estudos de *Neurolinguística* comprovam que só a repetição consciente leva à perfeição e ao automatismo da coordenação motora.

Entre em contato comigo, através do email *inácio@cavallieri.com.br*. Quaisquer dúvidas, mensagens e sugestões serão muito bem vindas!

Um grande e sonoro abraço a todos!

*Não há regra que
não deva ser contrariada
a favor da emoção.*
L.Van Beethoven (1770-1827)

Exercício do Aranha

Desenvolve a independência dos dedos — **Manter os dedos sempre em contato com a Escala**

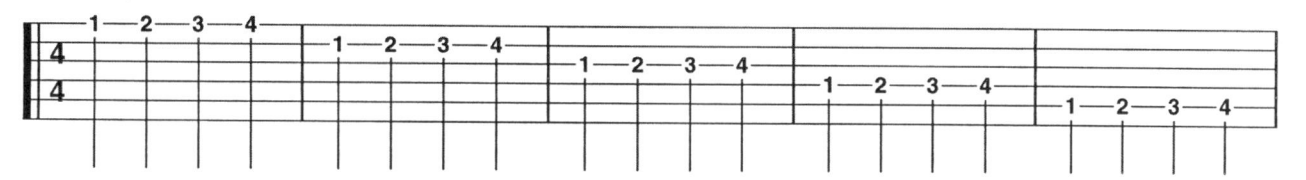

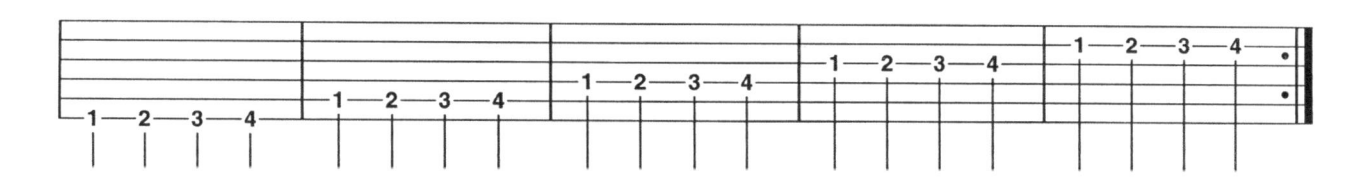

Alternar as Cordas

Usar Palheta alternada — *Retirar os dedos da Escala após o toque*

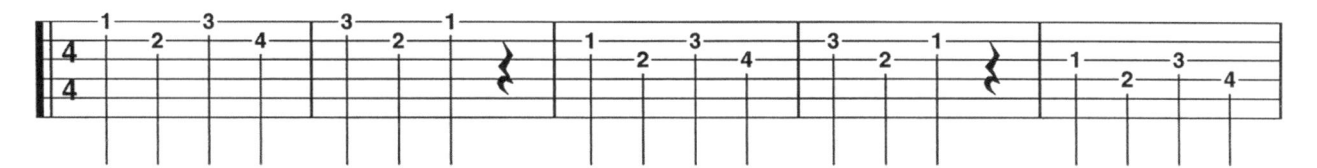

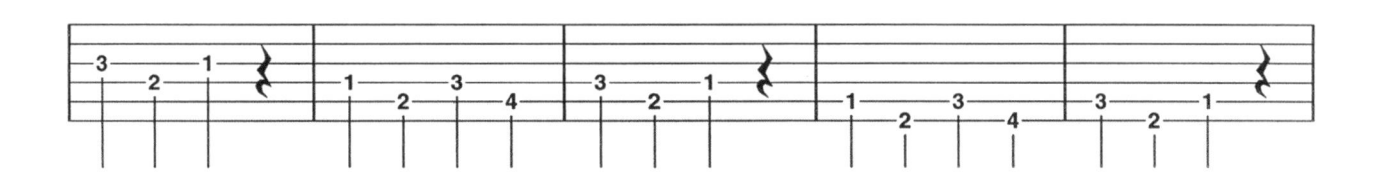

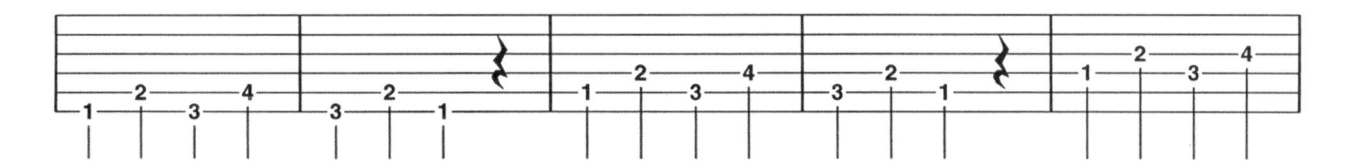

Equilíbrio do Polegar (1ª Corda)

Polegar da mão esquerda deve ficar fixo atrás do braço

Usar Dedos 1 2 3 4 no braço todo

Repetir a última nota

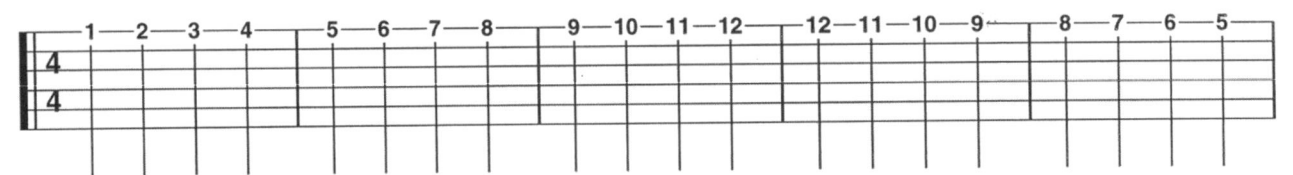

```
|--1--2--3--4----5--6--7--8----9--10--11--12----12--11--10--9----8--7--6--5--
|4
|4
```

Manter o polegar na direção dos dedos 1 e 2

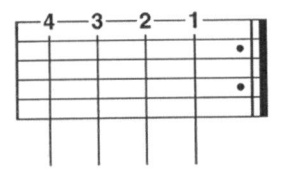

```
|--4--3--2--1--||
```

Usar Dedos 1 2 3 4 no braço todo

Equilíbrio do Polegar (Todas as Cordas)

Polegar da mão esquerda deve ficar fixo atrás do braço

Manter o polegar na direção dos dedos 1 2

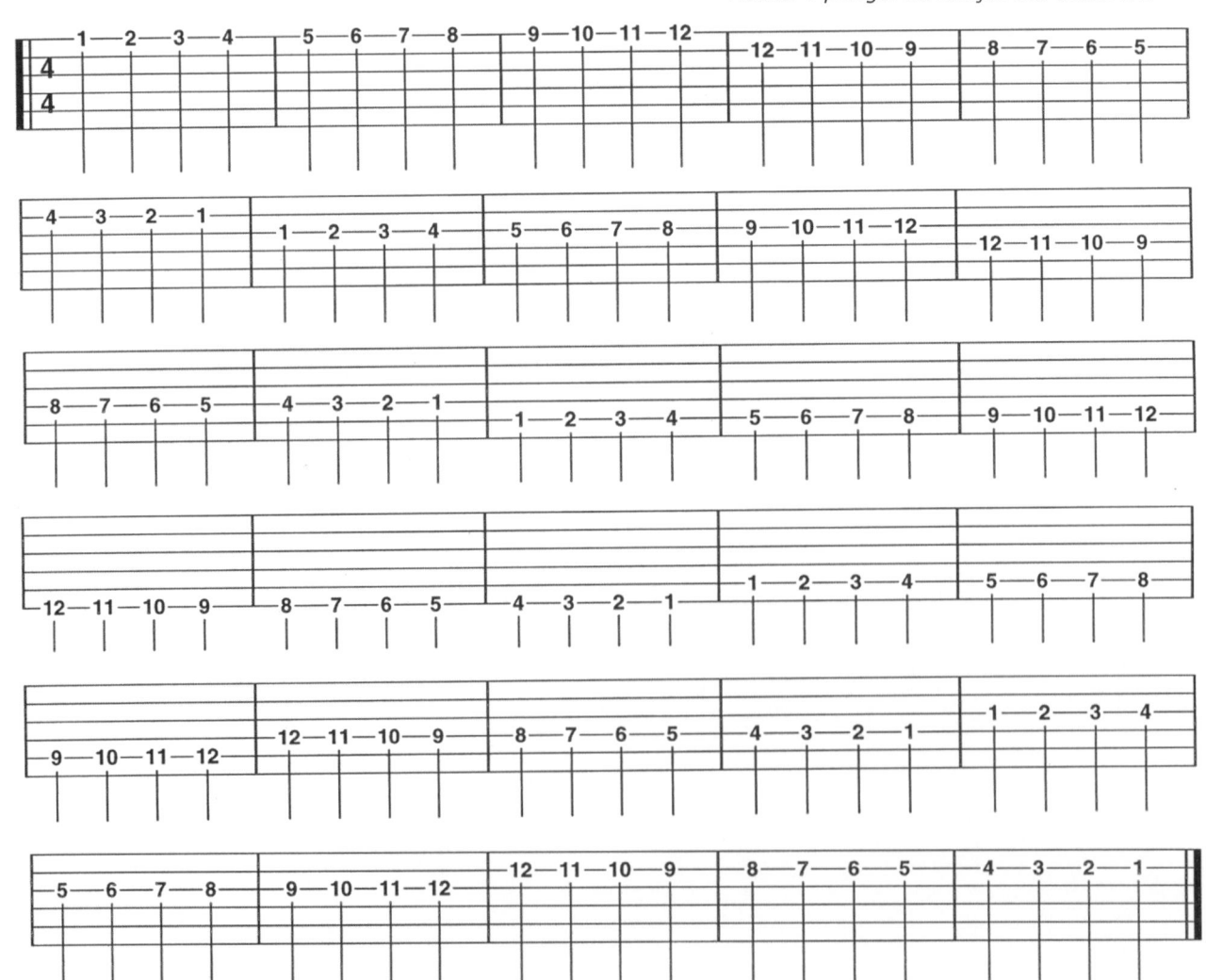

```
|--1--2--3--4----5--6--7--8----9--10--11--12-----------------------------
|4                                              --12--11--10--9----8--7--6--5--
|4

--4--3--2--1------1--2--3--4----5--6--7--8----9--10--11--12-----------------
                                                              --12--11--10--9--

--8--7--6--5----4--3--2--1------1--2--3--4----5--6--7--8----9--10--11--12--

--12--11--10--9----8--7--6--5----4--3--2--1------1--2--3--4----5--6--7--8--

                 --12--11--10--9----8--7--6--5----4--3--2--1------1--2--3--4--
--9--10--11--12--

                              --12--11--10--9----8--7--6--5----4--3--2--1--||
--5--6--7--8----9--10--11--12--
```

Equilíbrio do Polegar (Saltando as Cordas)

Polegar da mão esquerda deve ficar fixo atrás do braço

Usar Dedos 1 2 3 4 no braço todo

Manter o polegar na direção dos dedos 1 2

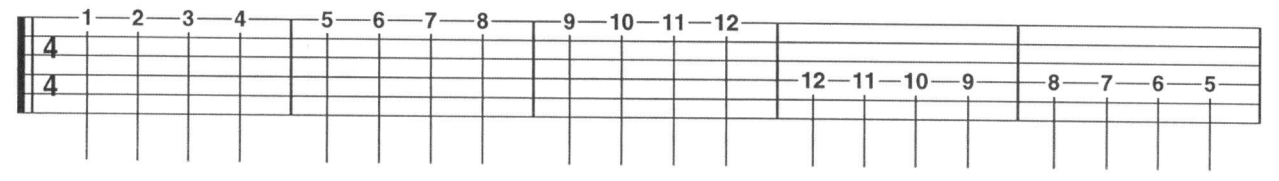

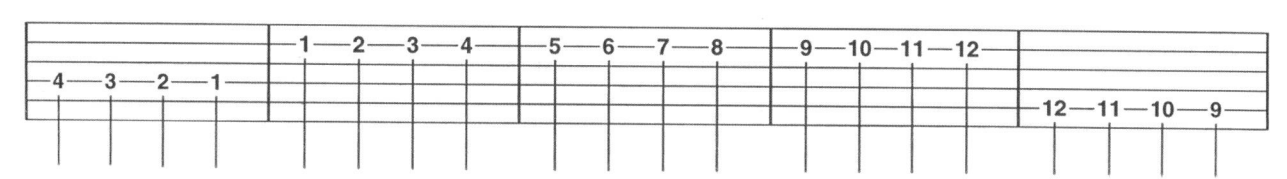

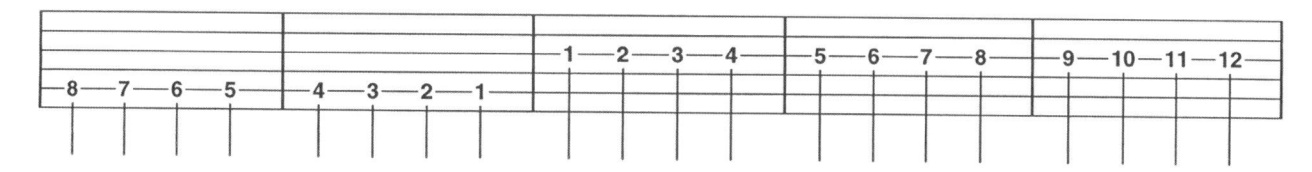

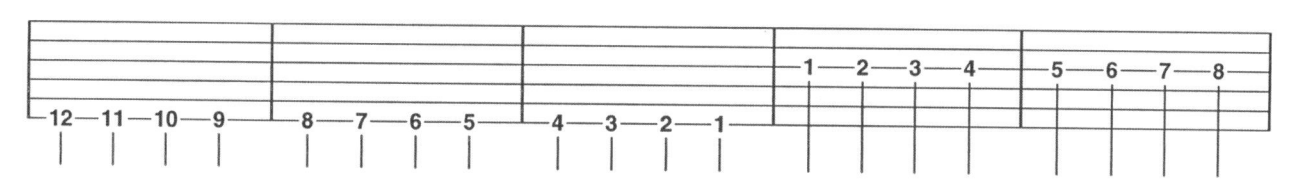

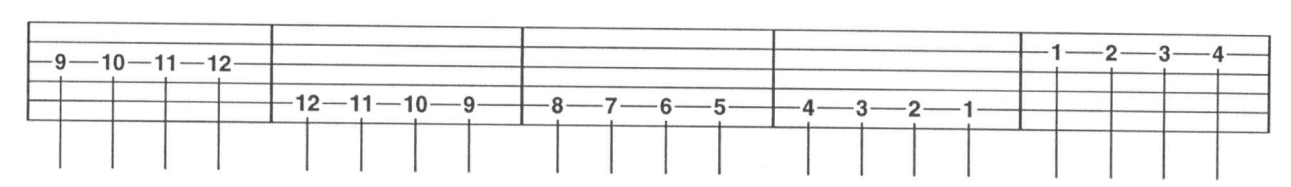

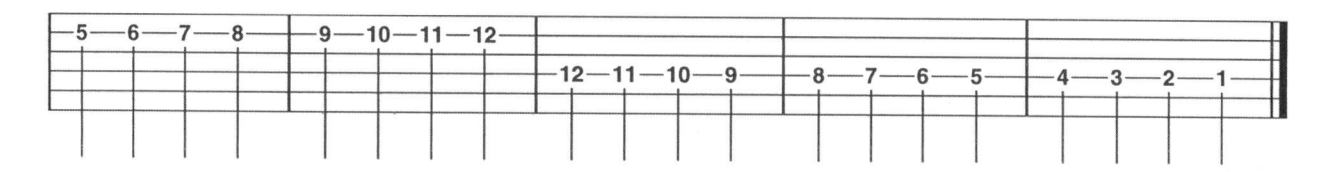

```
|—1—2—3—4——5—6—7—8——9—10—11—12————————————————————|
|4                                                  |
|4                            —12—11—10—9——8—7—6—5—|
|                                                   |
|                                                   |
|                                                   |

|———————————————1—2—3—4——5—6—7—8——9—10—11—12————————|
|—4—3—2—1—                                          |
|                                           —12—11—10—9—|
|                                                   |

|                         —1—2—3—4——5—6—7—8——9—10—11—12—|
|—8—7—6—5——4—3—2—1—                                 |

|                                    —1—2—3—4——5—6—7—8—|
|—12—11—10—9——8—7—6—5——4—3—2—1—                    |

|—9—10—11—12—                              —1—2—3—4—|
|           —12—11—10—9——8—7—6—5——4—3—2—1—         |

|—5—6—7—8——9—10—11—12—                              |
|                     —12—11—10—9——8—7—6—5——4—3—2—1—|
```

Pares de Dedos Ascendentes

Os dedos correspondem aos números das casas **Polegar da mão esquerda deve ficar fixo atrás do braço**

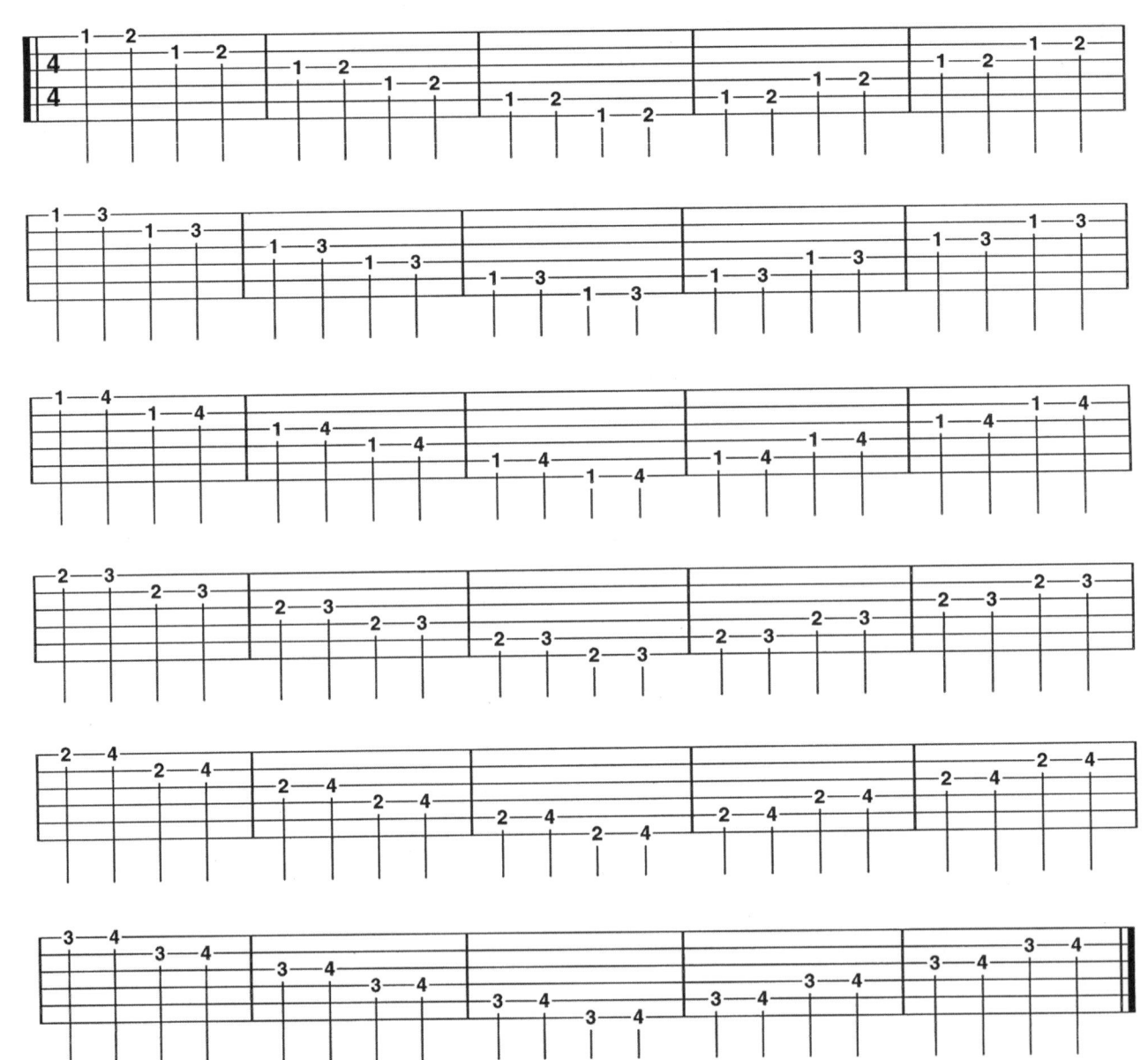

Pares de Dedos Descendentes

Os dedos correspondem aos números das casas

Subir e descer todas as cordas

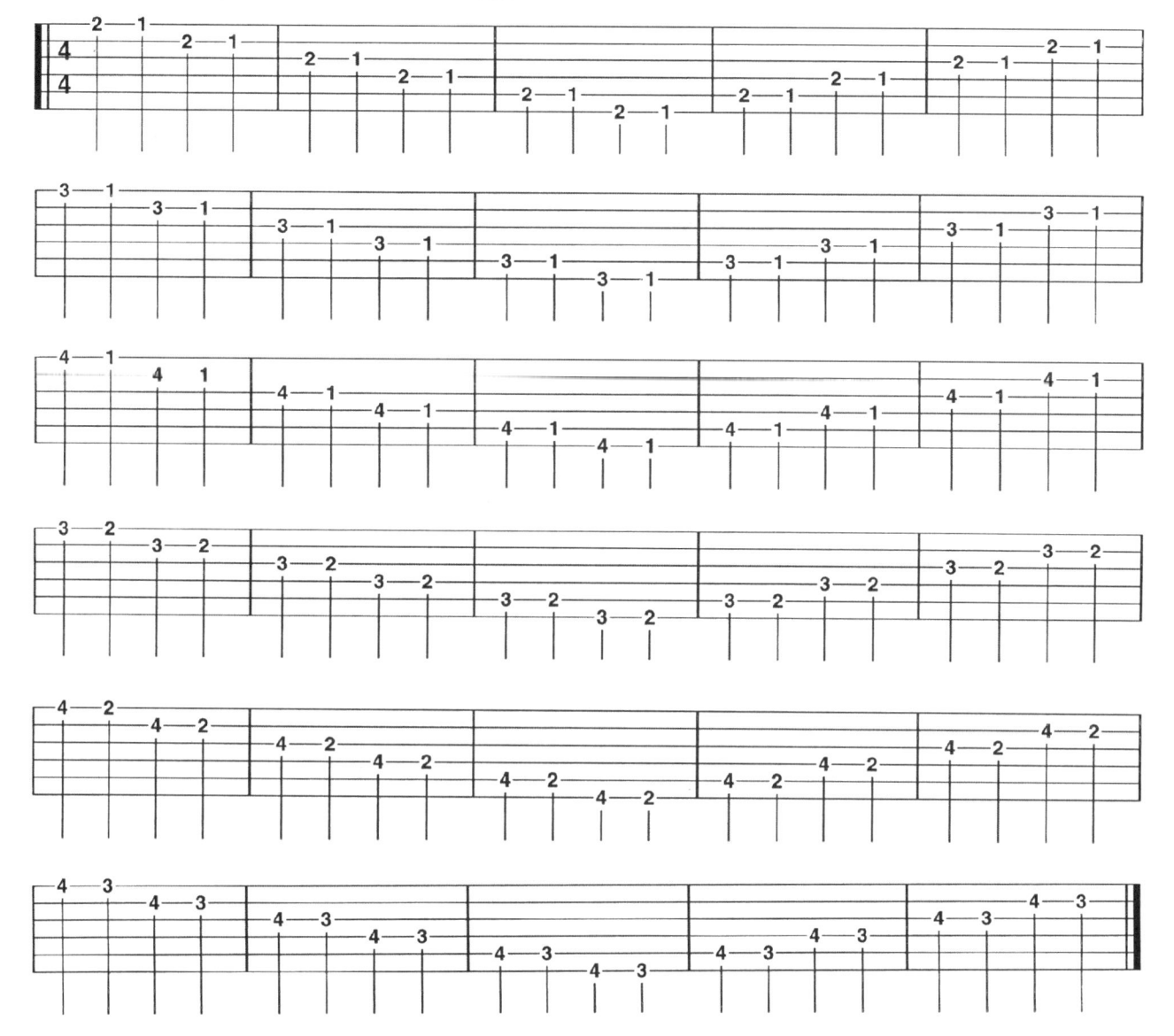

Pares de Dedos Martelando

M.E. - MÃO ESQUERDA

*Só a 1ª nota de cada corda é tocada, a outra é
produzida martelando com a ponta do dedo da M.E.*

Hammer-on

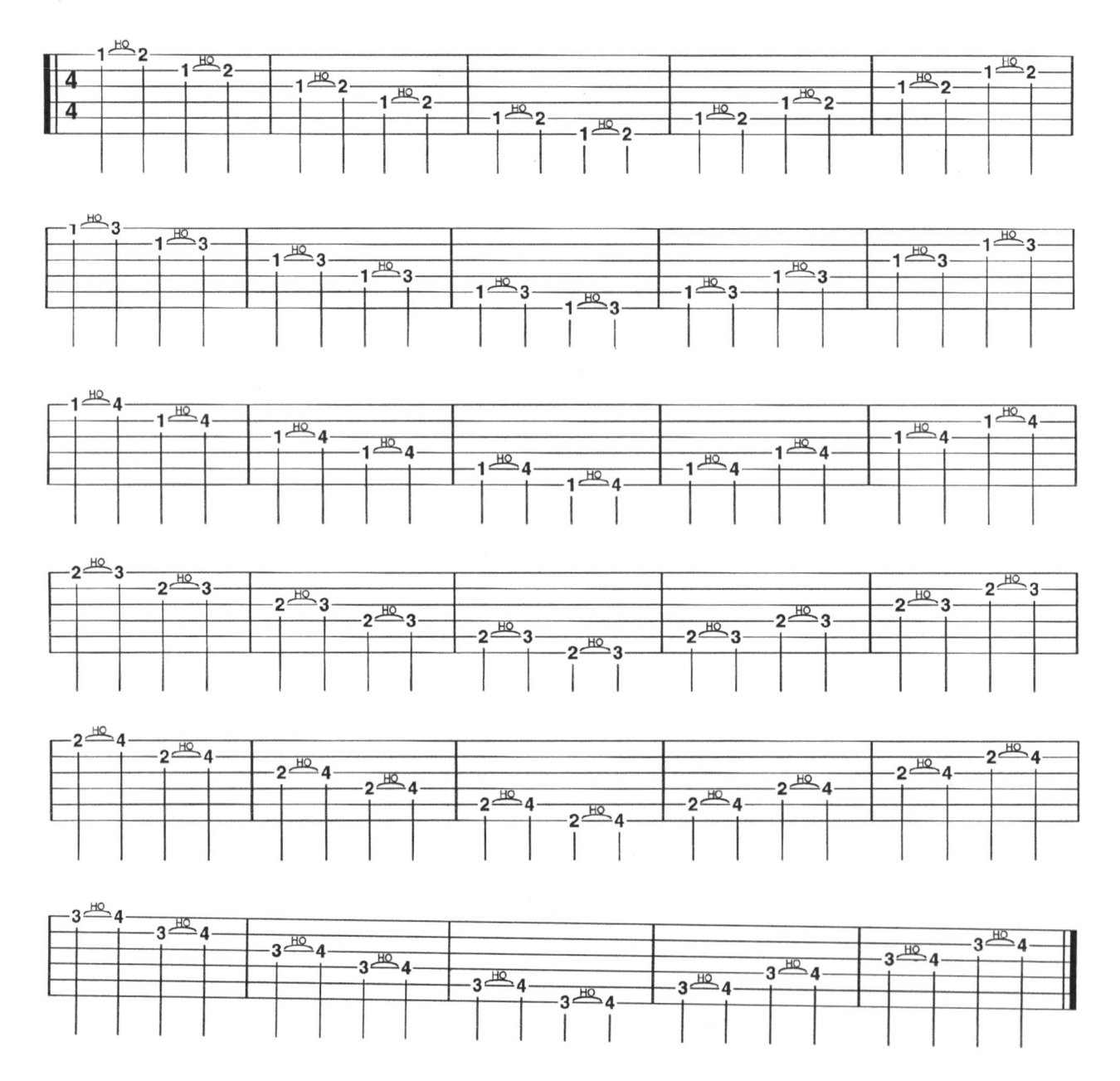

Pares de Dedos Ligados

M.E. - MÃO ESQUERDA

*Só a 1ª nota de cada corda é tocada,
a outra é produzida puxando-se o dedo da M.E.
Pull-off*

Pull-off

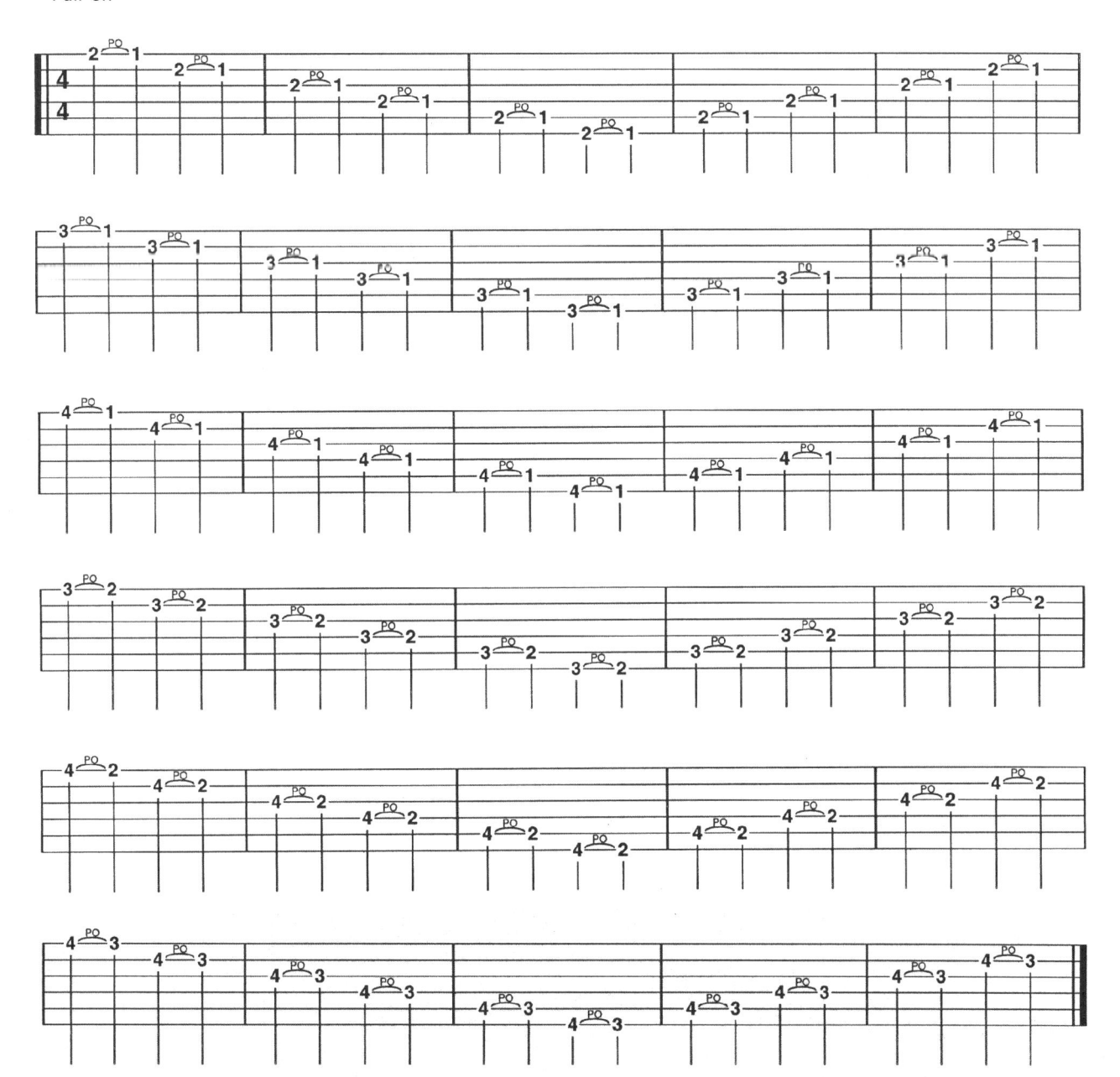

Marteladas na Mesma Corda

M.D. - MÃO DIREITA

Somente esta primeira nota é tocada pela M.D
Mantém-se o dedo 1 fixo

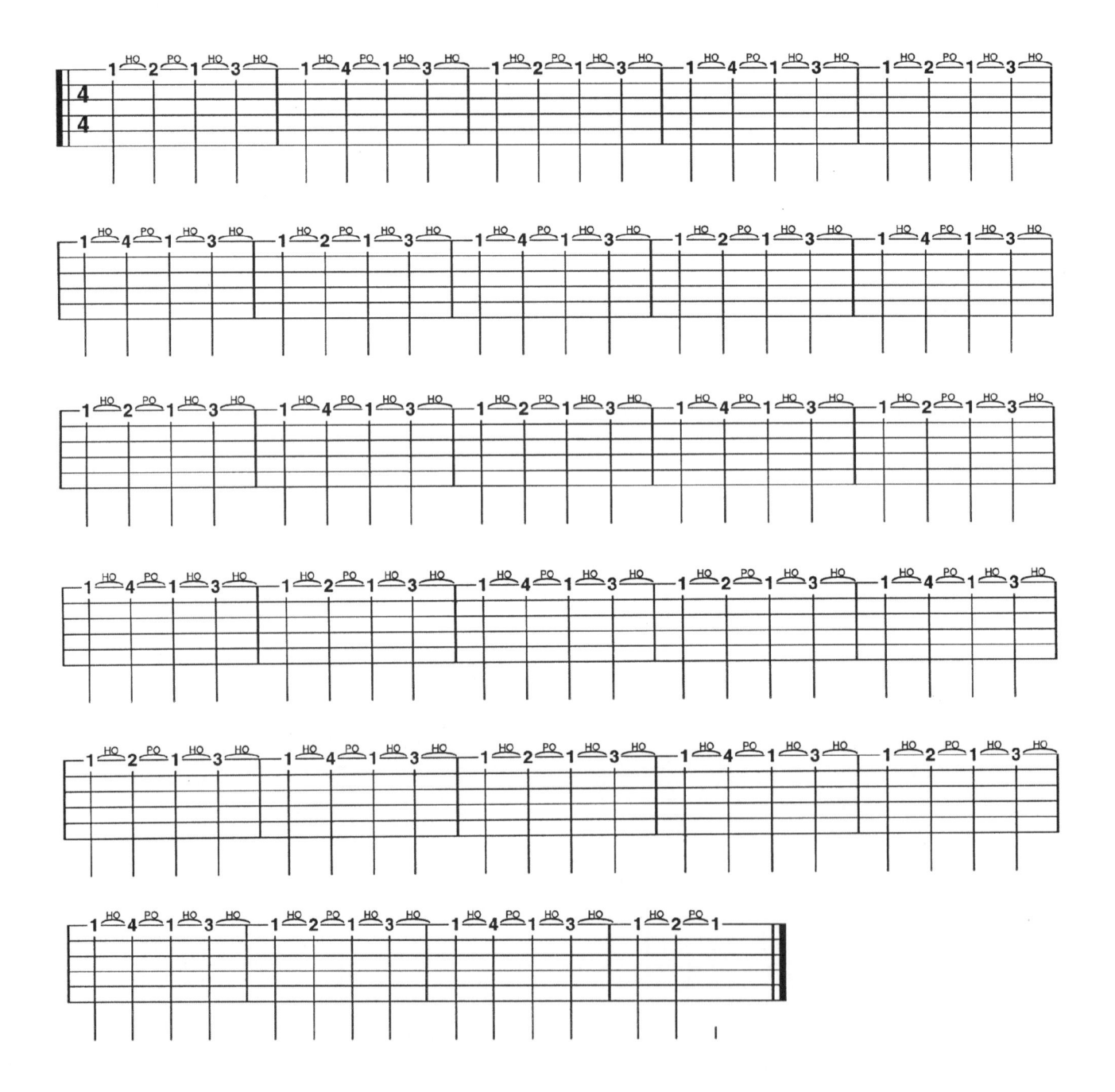

Hammer-on

Marteladas em Todas as Cordas

M.D. - MÃO DIREITA

Somente esta primeira nota é tocada pela M.D
Espera-se um tempo para mudar de corda

Hammer-on

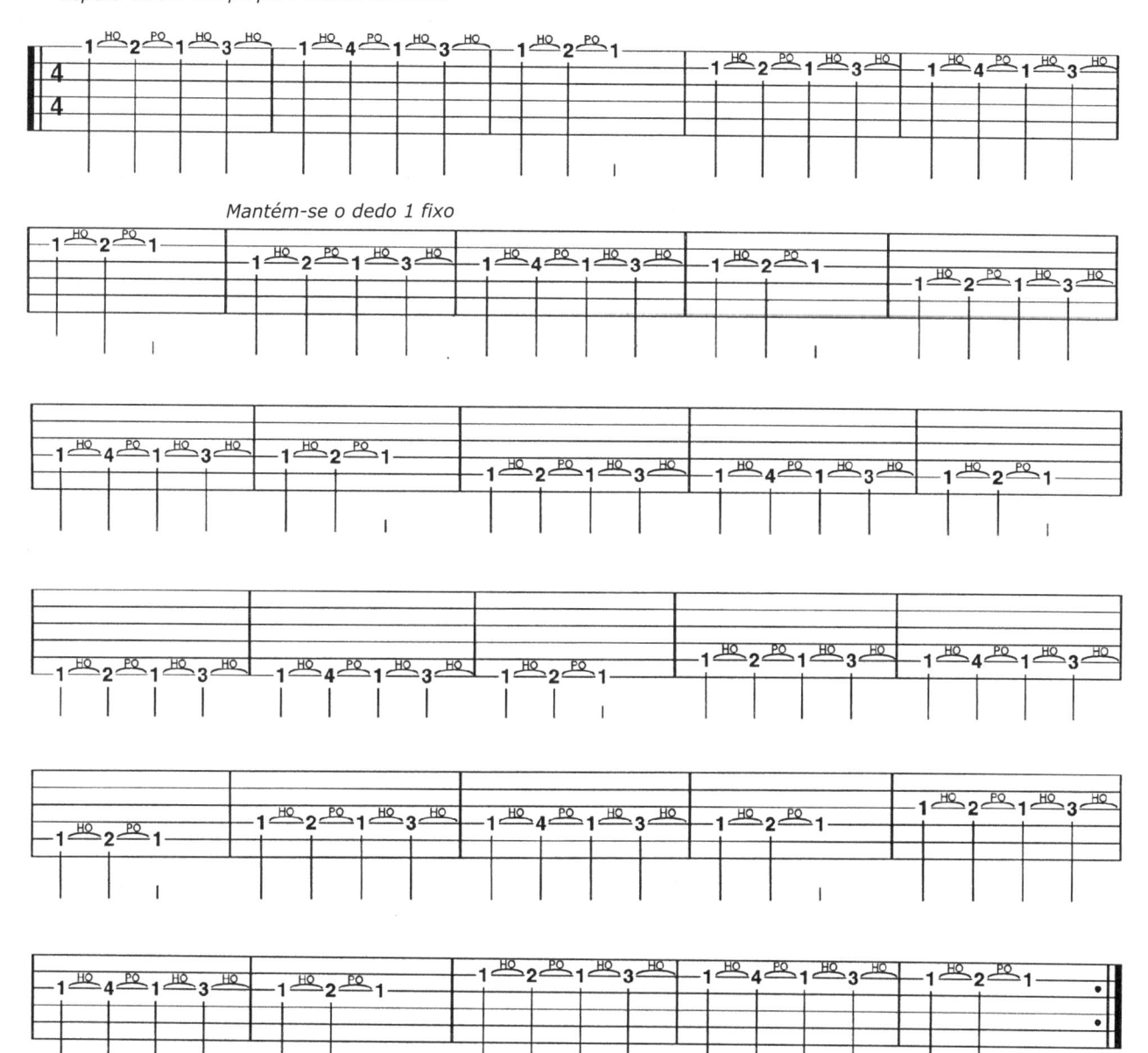

Mantém-se o dedo 1 fixo

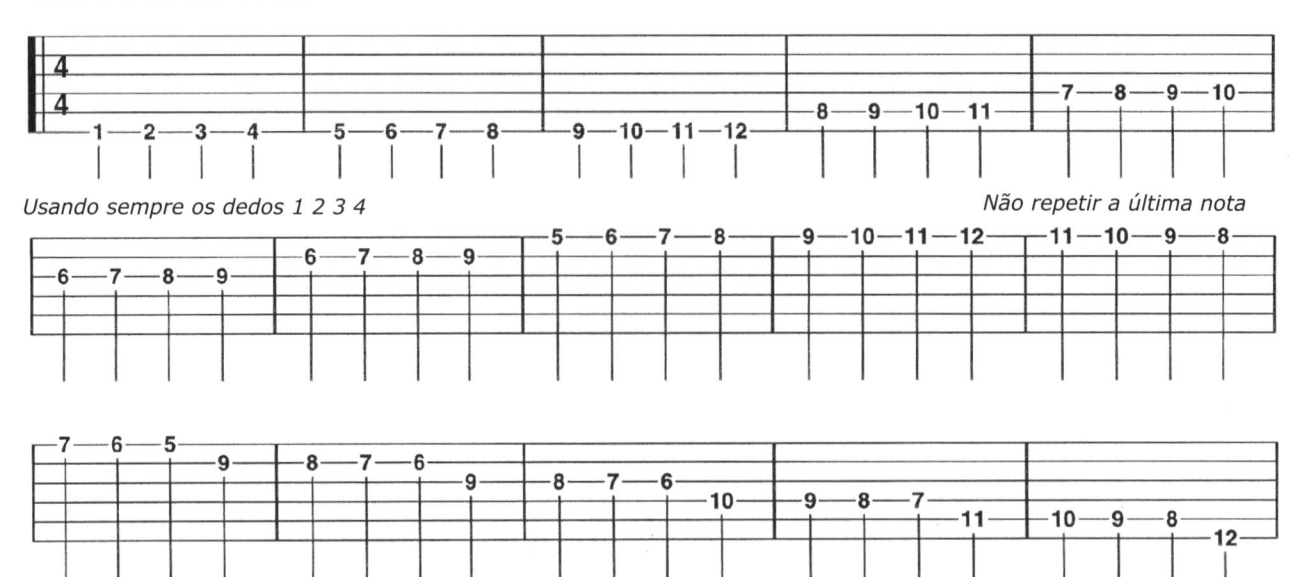

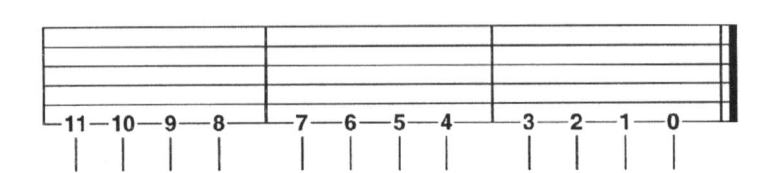

Escala Cromática

*Do Fá mais grave até o Mi mais agudo,
inclusive sustenidos e bemois*

Todas as notas, sem faltar ou repetir nenhuma

```
|4
|4----1-2-3-4----5-6-7-8----9-10-11-12----8-9-10-11----7-8-9-10----
```

Usando sempre os dedos 1 2 3 4

Não repetir a última nota

```
--6-7-8-9----6-7-8-9----5-6-7-8----9-10-11-12----11-10-9-8----
```

```
--7-6-5----9----8-7-6----9----8-7-6----10----9-8-7----11----10-9-8----12--
```

```
--11-10-9-8----7-6-5-4----3-2-1-0--||
```

Escala Cromática Mudando a Ordem dos Dedos

Letra A

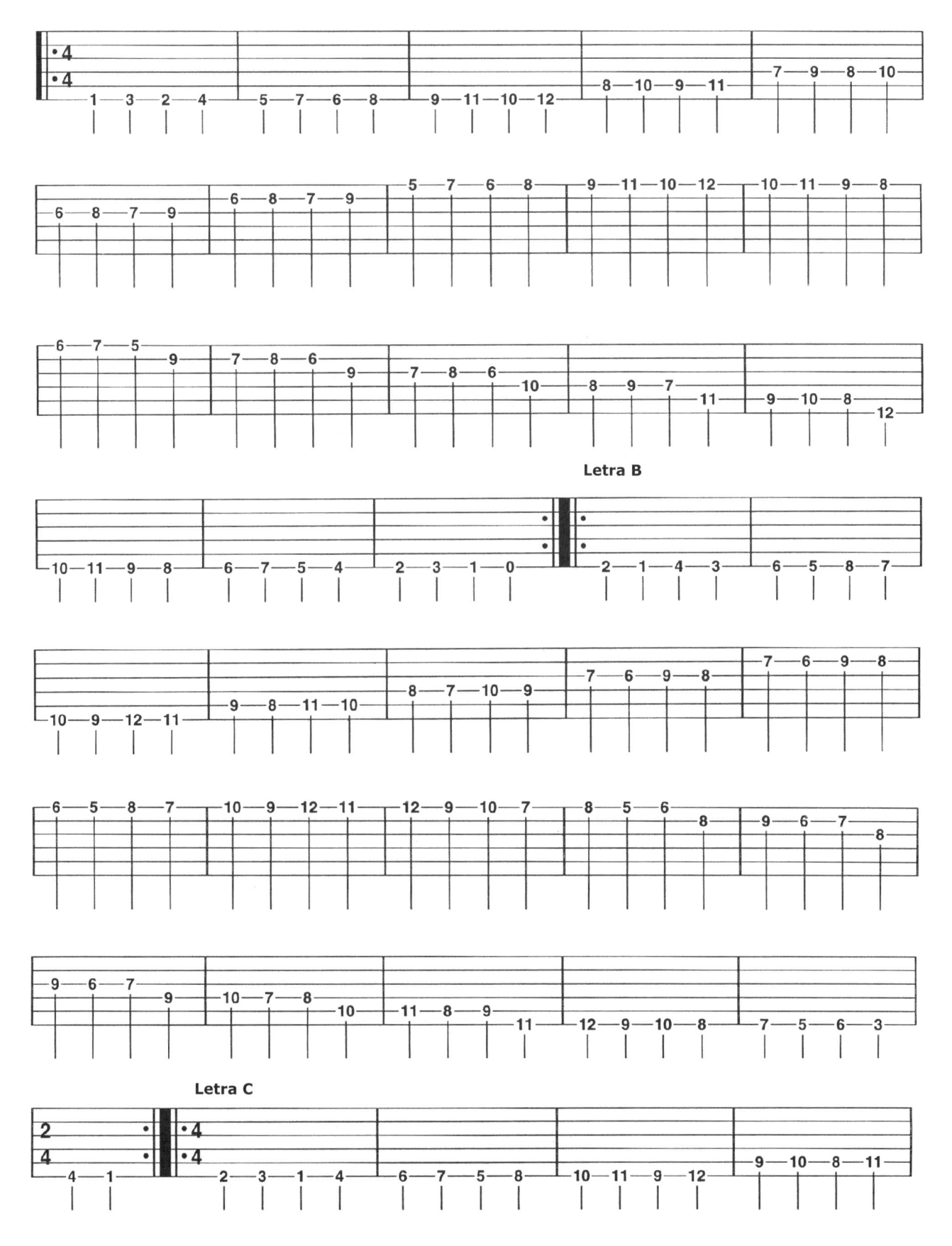

```
|•4
|•4
|   1—3—2—4   5—7—6—8   9—11—10—12   8—10—9—11   7—9—8—10
```

```
                        6—8—7—9    5—7—6—8    9—11—10—12   10—11—9—8
   6—8—7—9
```

```
  6—7—5
         9    7—8—6
                     9   7—8—6
                            10   8—9—7
                                    11   9—10—8
                                              12
```

Letra B

```
  10—11—9—8   6—7—5—4   2—3—1—0 ‖ 2—1—4—3   6—5—8—7
```

```
                                      7—6—9—8   7—6—9—8
                        8—7—10—9
         9—8—11—10
  10—9—12—11
```

```
  6—5—8—7   10—9—12—11   12—9—10—7   8—5—6
                                         8   9—6—7
                                                 8
```

```
  9—6—7
       9   10—7—8
              10   11—8—9
                      11   12—9—10—8   7—5—6—3
```

Letra C

```
  2   ‖ •4
  4   ‖ •4
   4—1     2—3—1—4   6—7—5—8   10—11—9—12   9—10—8—11
```

Curso CAVALLIERI de Violão e Guitarra

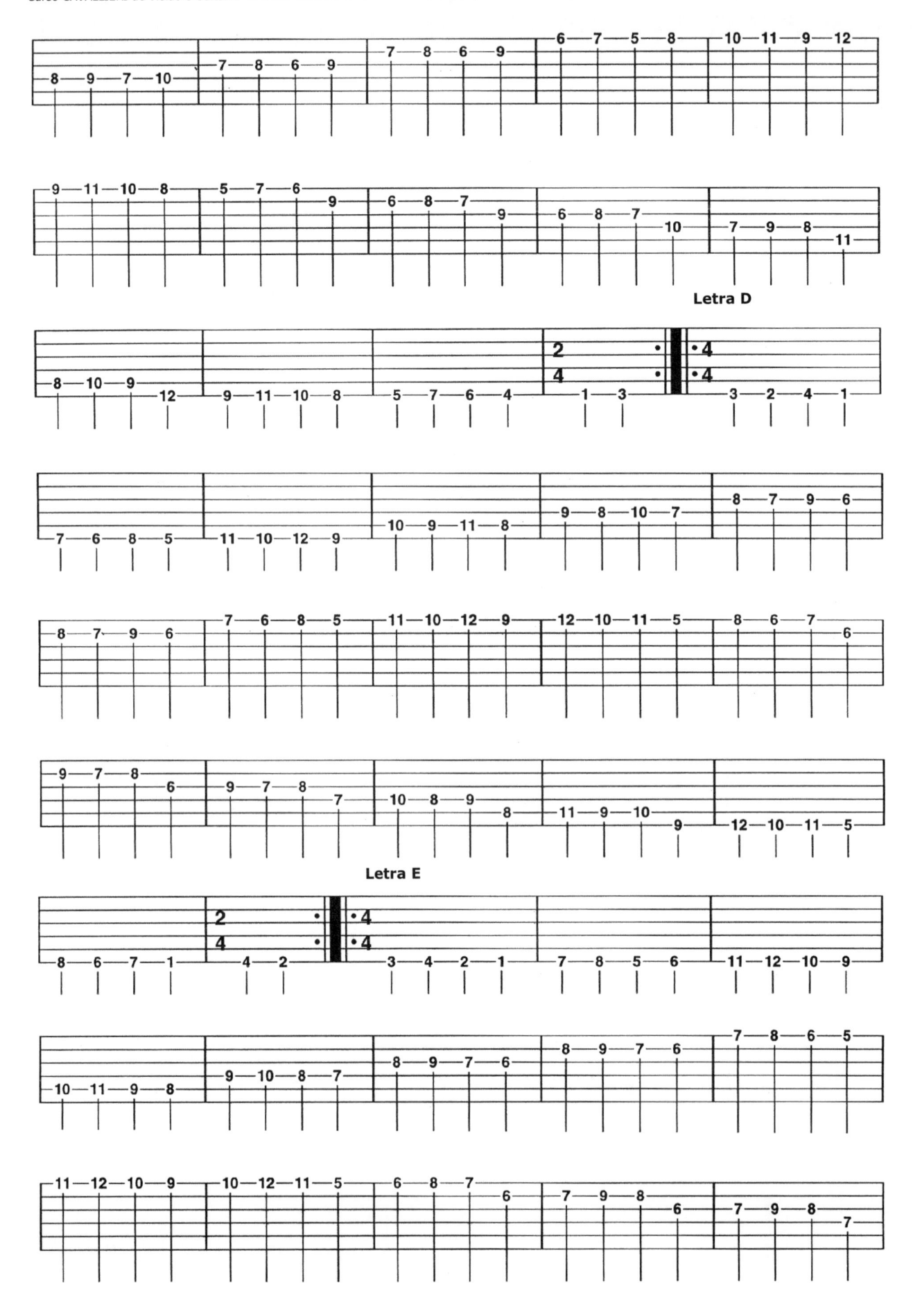

Letra D

Letra E

Curso CAVALLIERI de Violão e Guitarra

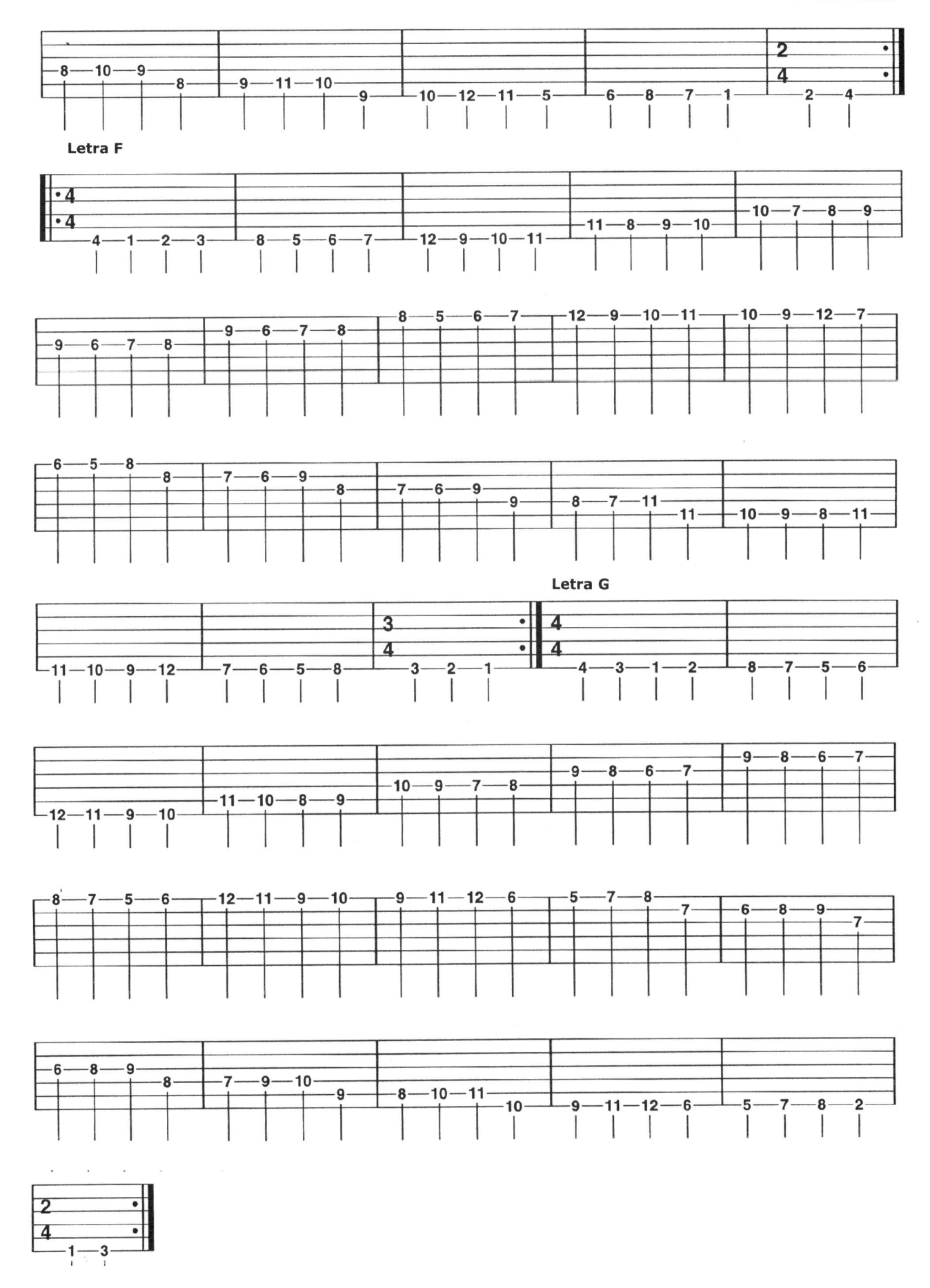

Letra F

Letra G

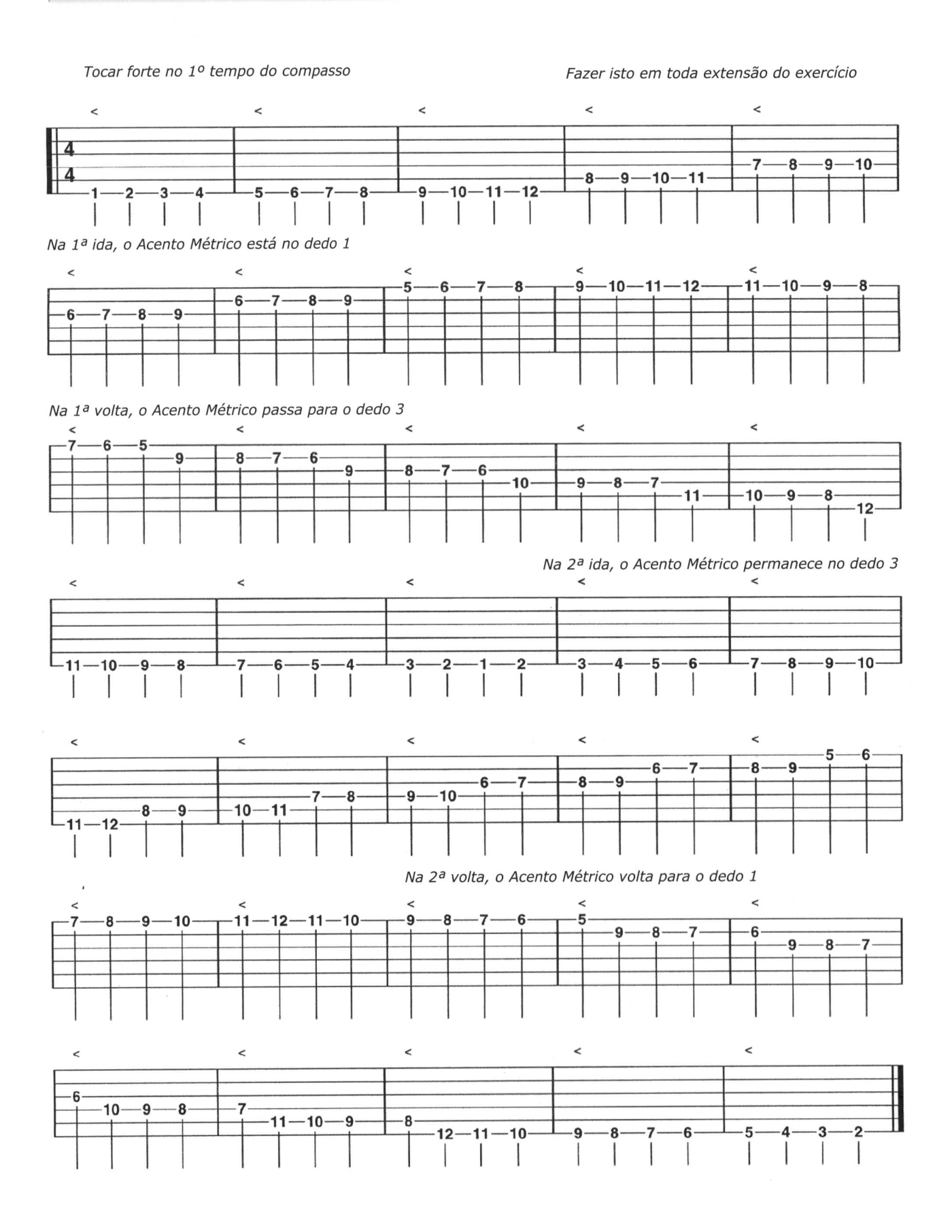

Escala Cromática com Acento Métrico

Tocar forte no 1º tempo do compasso *Fazer isto em toda extensão do exercício*

Na 1ª ida, o Acento Métrico está no dedo 1

Na 1ª volta, o Acento Métrico passa para o dedo 3

Na 2ª ida, o Acento Métrico permanece no dedo 3

Na 2ª volta, o Acento Métrico volta para o dedo 1

Escala Cromática Abafada

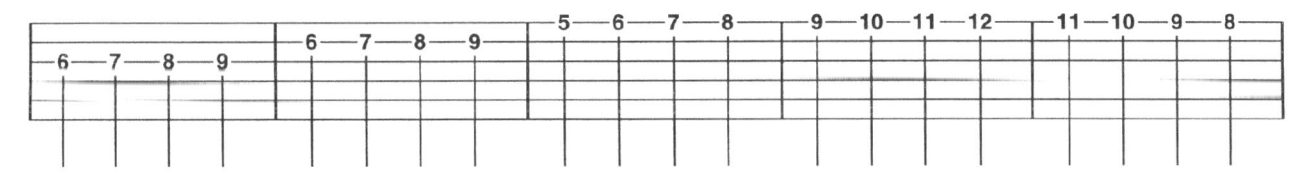

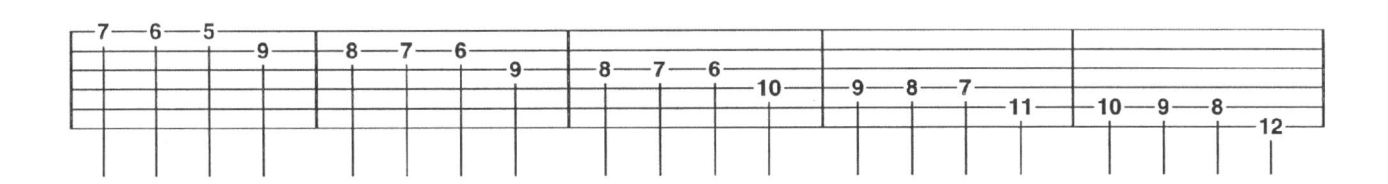

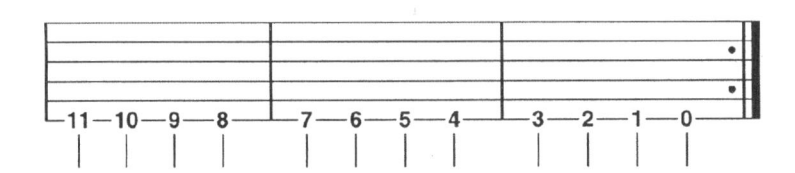

P.M. = PALM MUTTING

Encoste a palma da mão direita em cima da ponte   A nota sairá emudecida, abafada

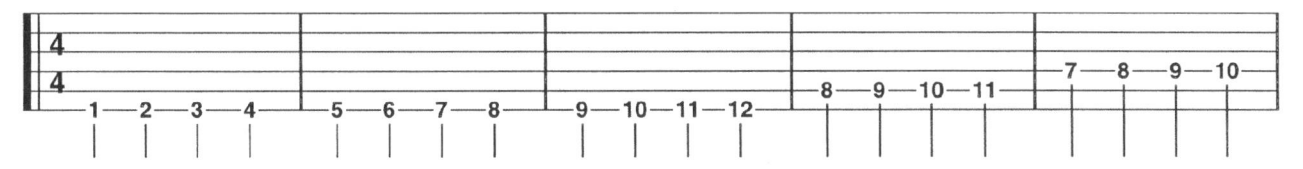

```
|4
|4
|---1--2--3--4---|--5--6--7--8---|--9--10--11--12---|--8--9--10--11---|--7--8--9--10---|
```

Técnica muito utilizada entre guitarristas de Rock

```
|--6--7--8--9---|--6--7--8--9---|--5--6--7--8---|--9--10--11--12---|--11--10--9--8---|
```

```
|--7--6--5------|-----9---------|--8--7--6------|---------------|-----------------|
|---------------|--------9------|---------------|--8--7--6------|-----------------|
|---------------|---------------|---------------|---------10----|--9--8--7--------|
|---------------|---------------|---------------|---------------|---------11------|--10--9--8------|
|---------------|---------------|---------------|---------------|-----------------|---------12-----|
```

```
|--11--10--9--8---|--7--6--5--4---|--3--2--1--0---||
```

Escala Cromática com Acento Métrico

P.M. = PALM MUTTING

Tempo 1

Abafar todas as notas com Palm Mutting, a não ser o 1º tempo dos compassos

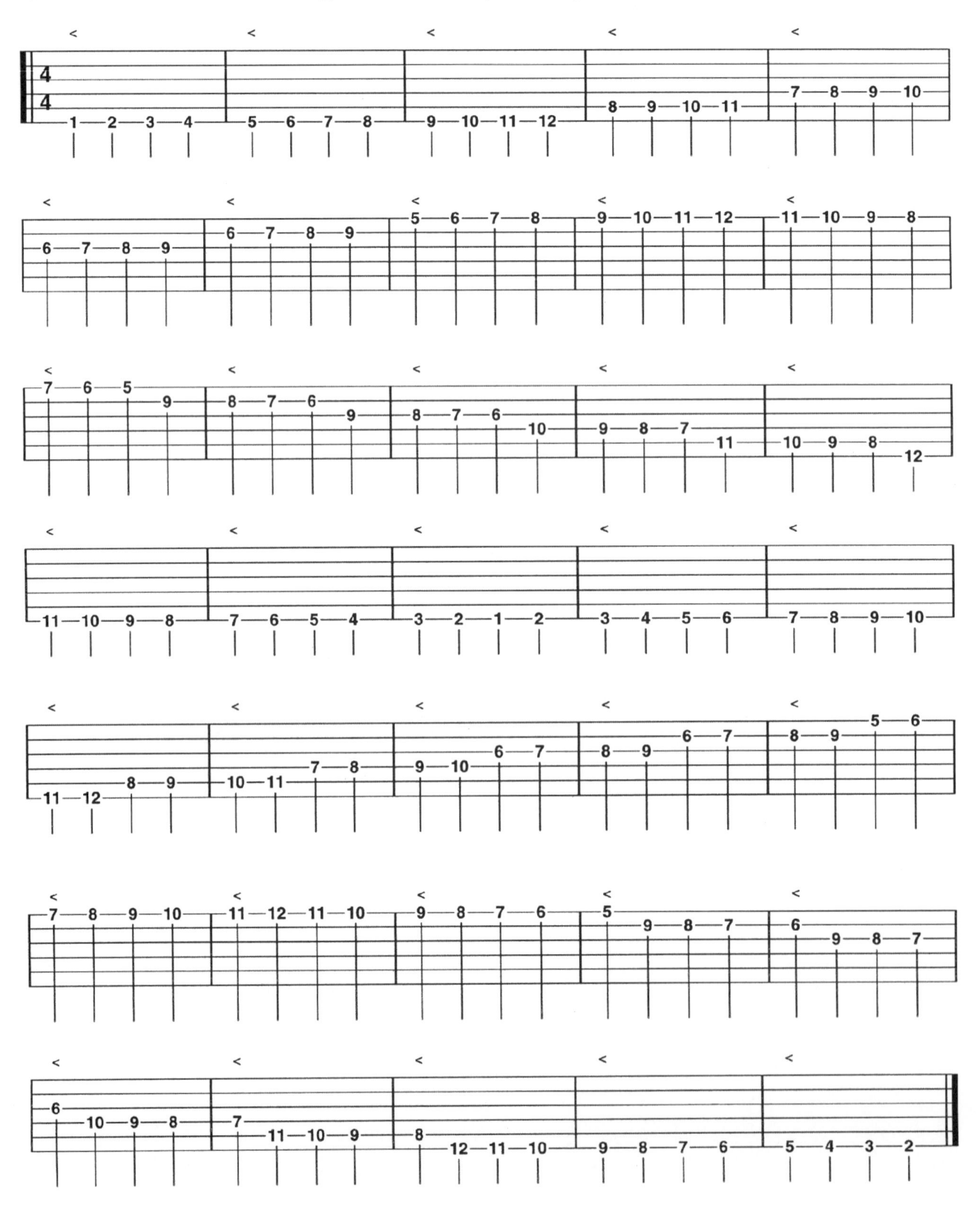

Escala Cromática com Acento Métrico

Abafar todas as notas com Palm Mutting, a não ser o 1º tempo dos compassos

Tempo 2

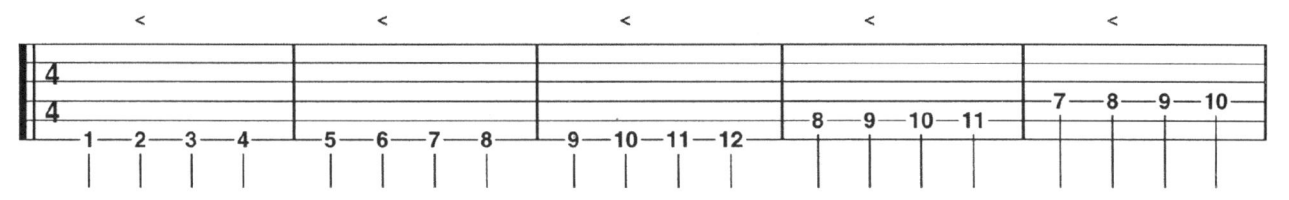

Usar palhetada alternada   *A palhetada do tempo forte será sempre para cima*

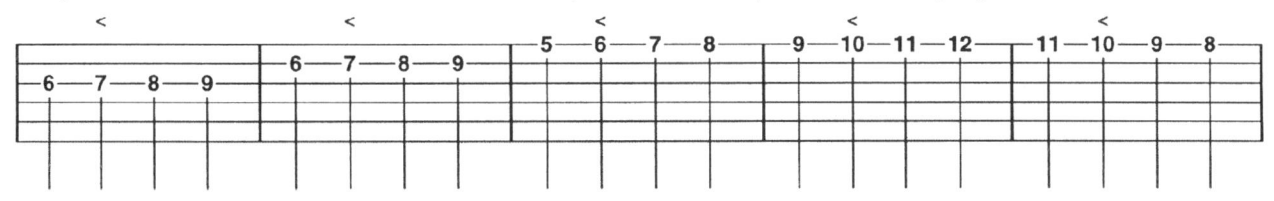

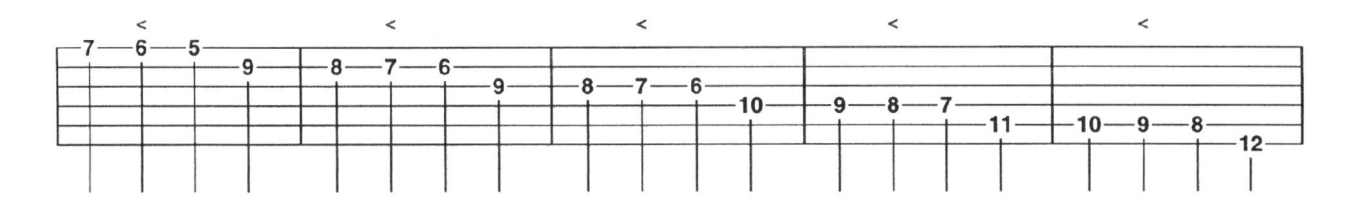

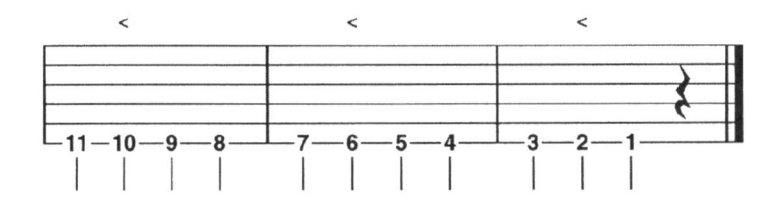

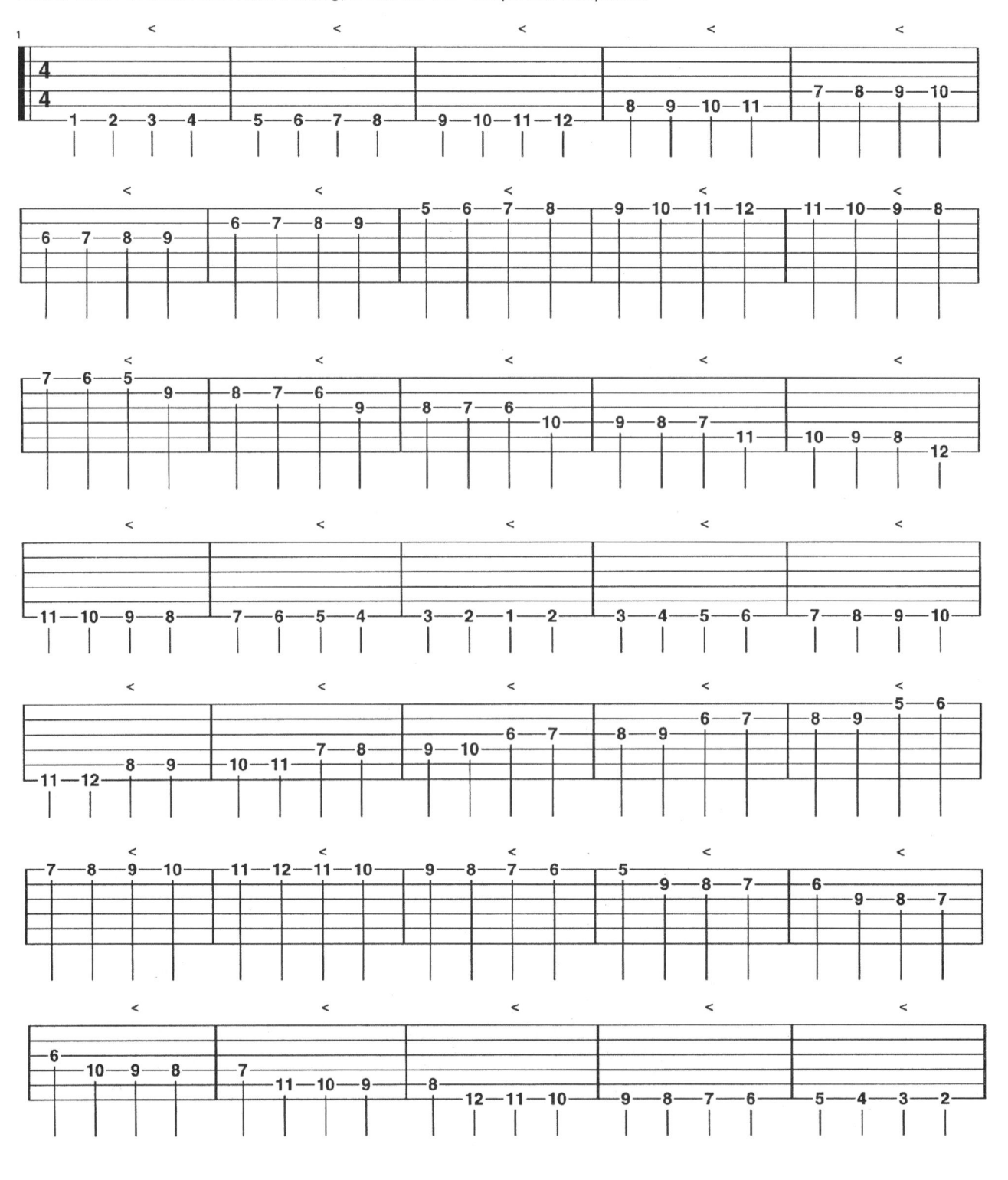

Escala Cromática com Acento Métrico

P.M. = PALM MUTTING

Tempo 3

Abafar todas as notas com Palm Mutting, a não ser o 3º tempo dos compassos

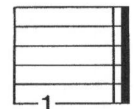

Escala Cromática Abafada com Acento Métrico

P.M. = PALM MUTTING

Tempo 4

Abafar todas as notas com Palm Mutting, a não ser o 4º tempo dos compassos

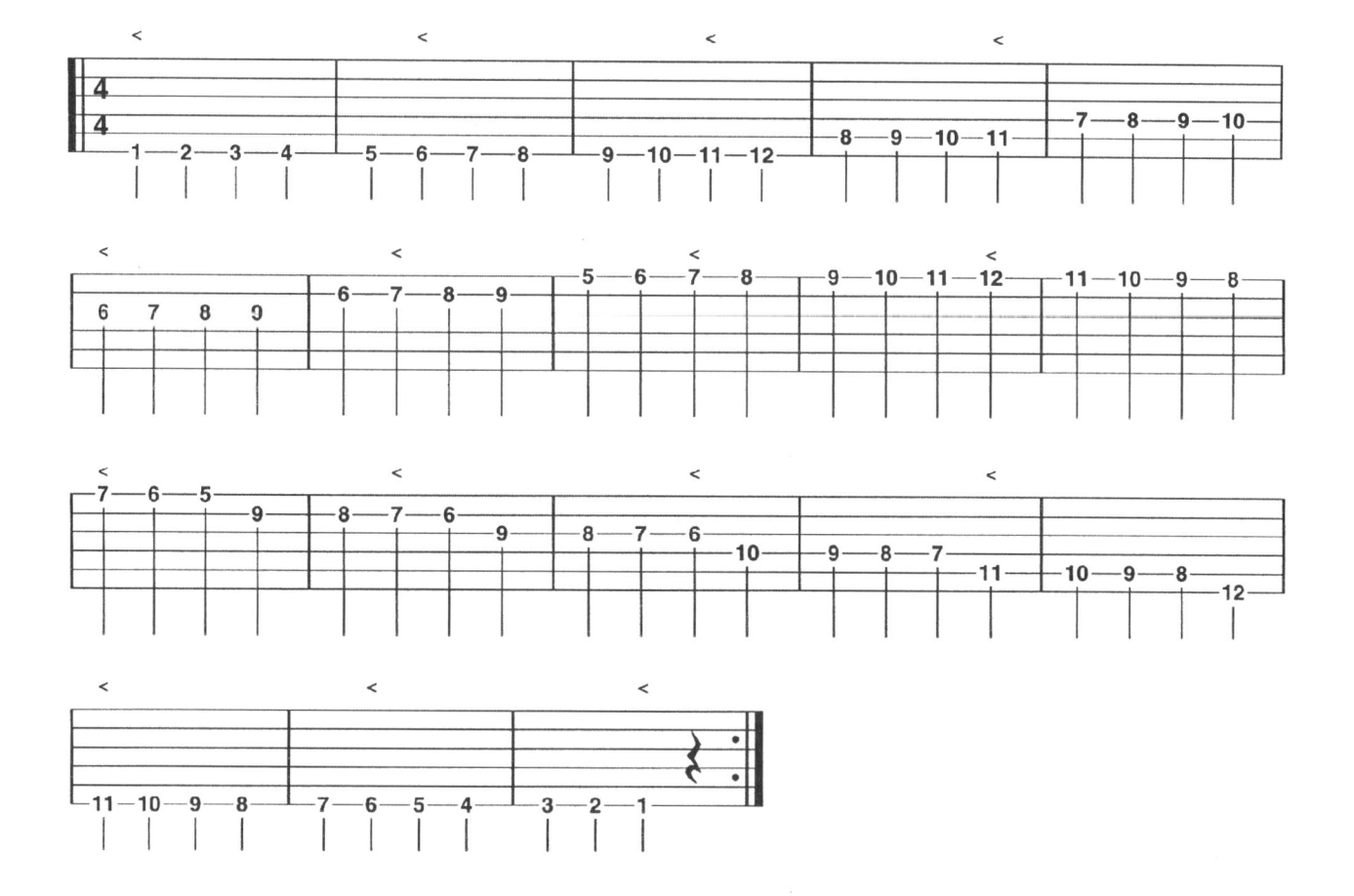

```
|4
|4--1--2--3--4----5--6--7--8----9--10--11--12----8--9--10--11----7--8--9--10--

----6--7--8--9----6--7--8--9----5--6--7--8----9--10--11--12----11--10--9--8--

--7--6--5--
----------9----8--7--6----------------------
----------------------9----8--7--6----------
-----------------------------------10----9--8--7----------
----------------------------------------------11----10--9--8----
----------------------------------------------------------12--

--11--10--9--8----7--6--5--4----3--2--1--    𝄎  :||
```

Escala Cromática com Acento Métrico Flutuante

Acento Métrico de 5/4 em um Compasso Quartenário

Cada compasso muda a acentuação

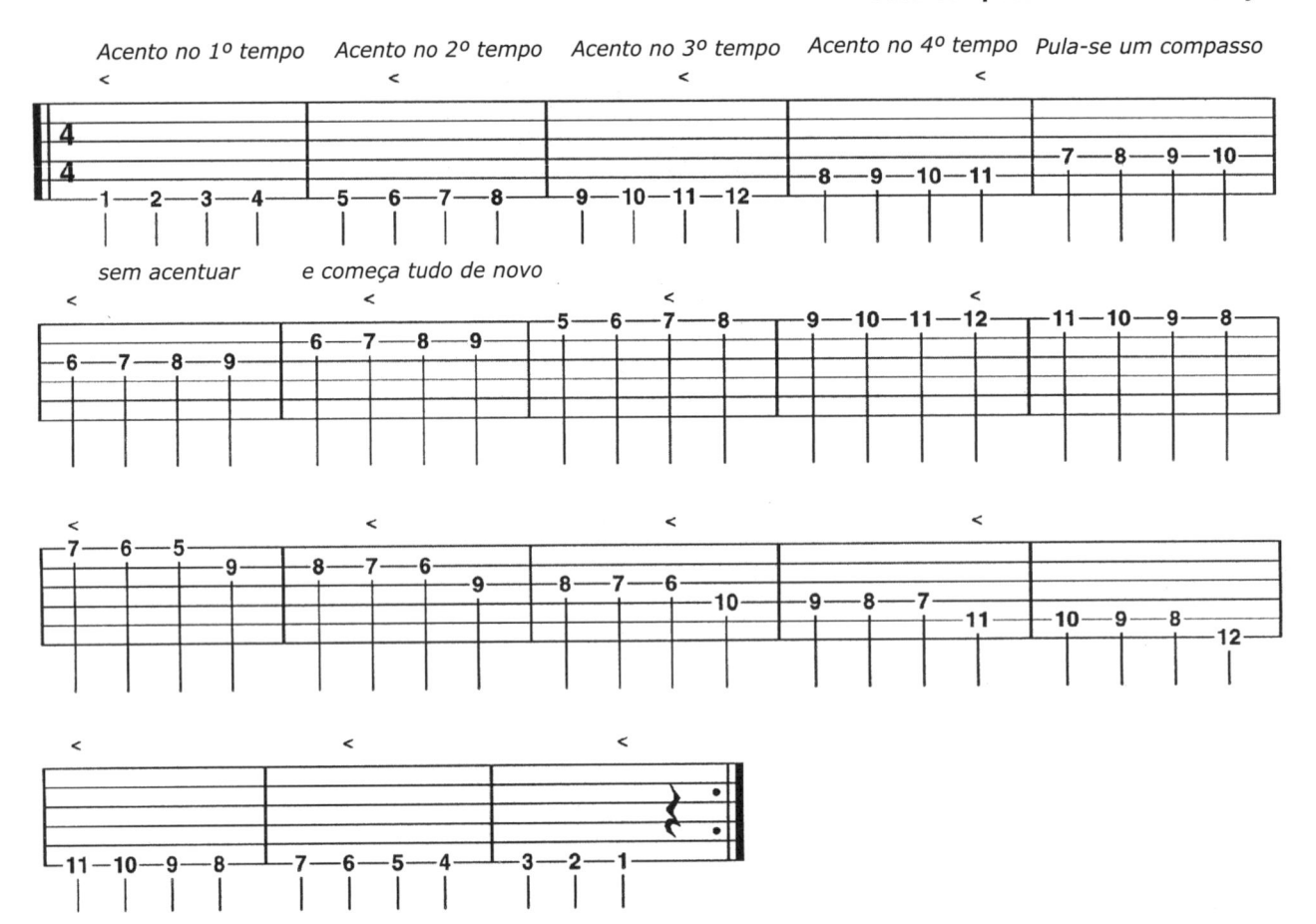

Escala Cromática em Grau Conjunto

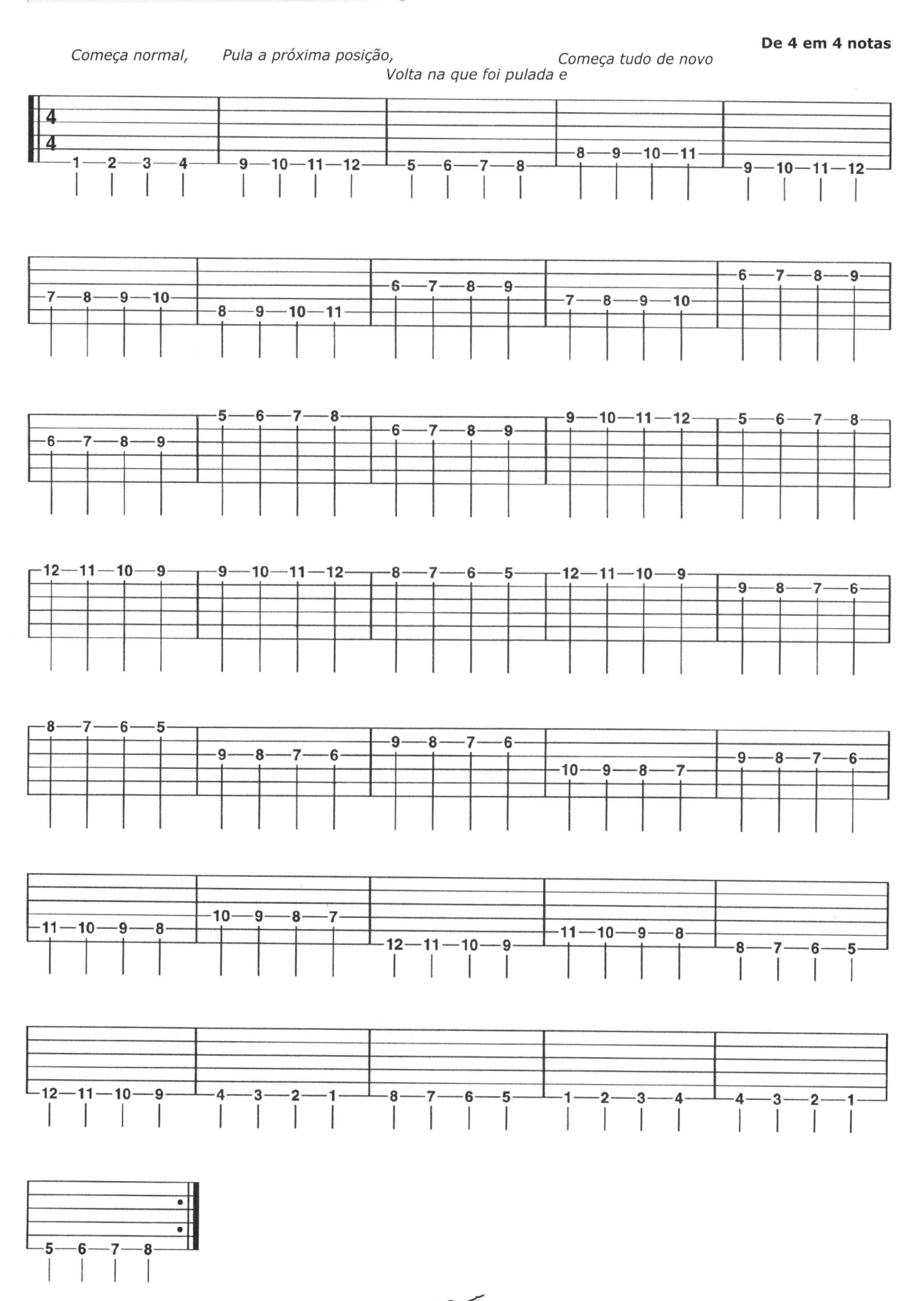

De 4 em 4 notas

Começa normal, Pula a próxima posição, Volta na que foi pulada e Começa tudo de novo

Escala Cromática Fazendo uma Colcheia com o Dedo 4

ATENÇÃO AO RITMO

Sempre no 1º tempo do compasso

Usar palhetada sempre alternada

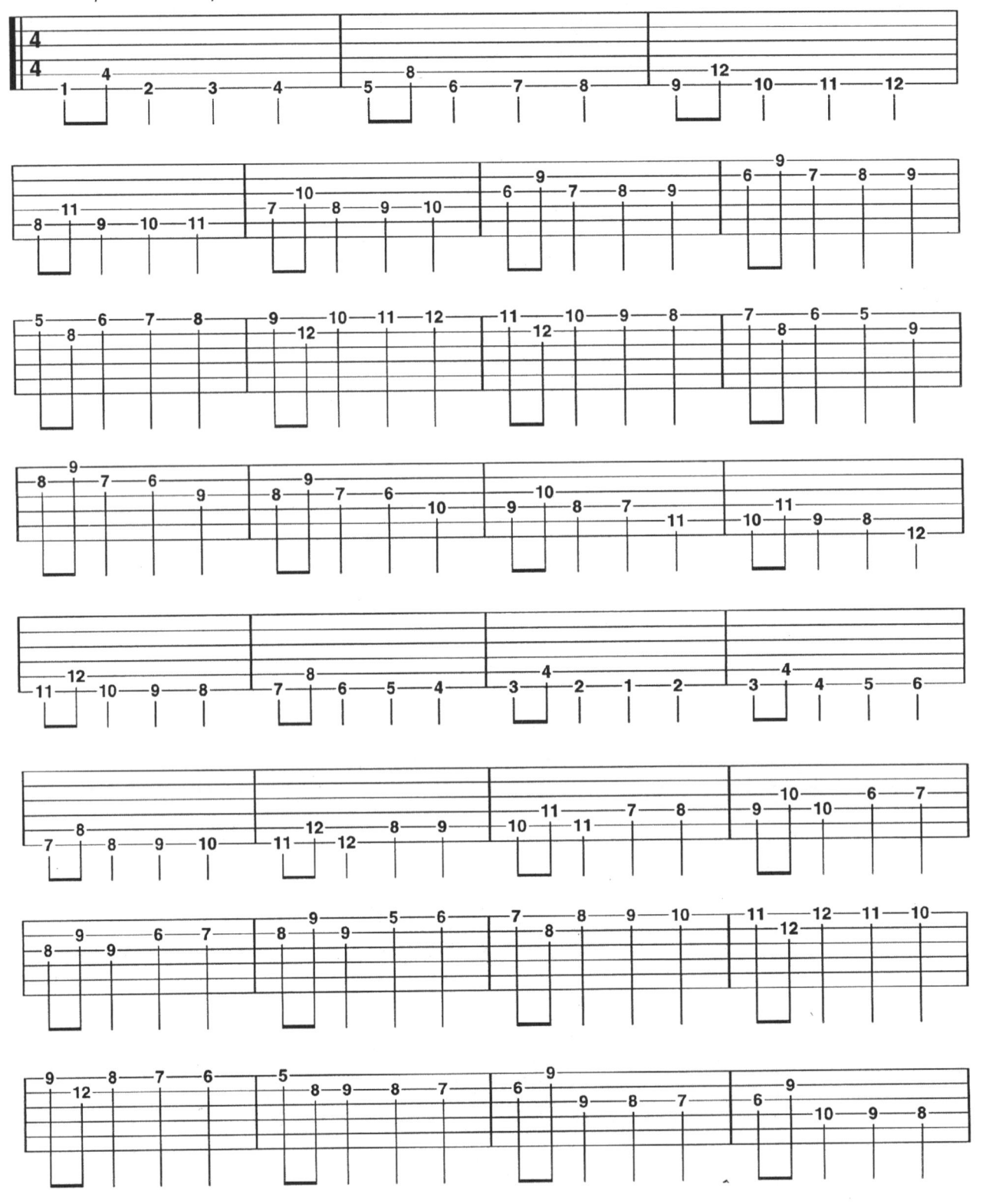

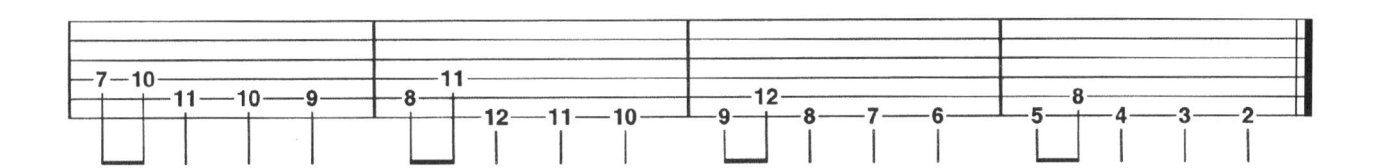

Escala Cromática Fazendo uma Colcheia com o Dedo 3

ATENÇÃO AO RITMO

Usar palhetada sempre alternada

Sempre no 1º tempo do compasso

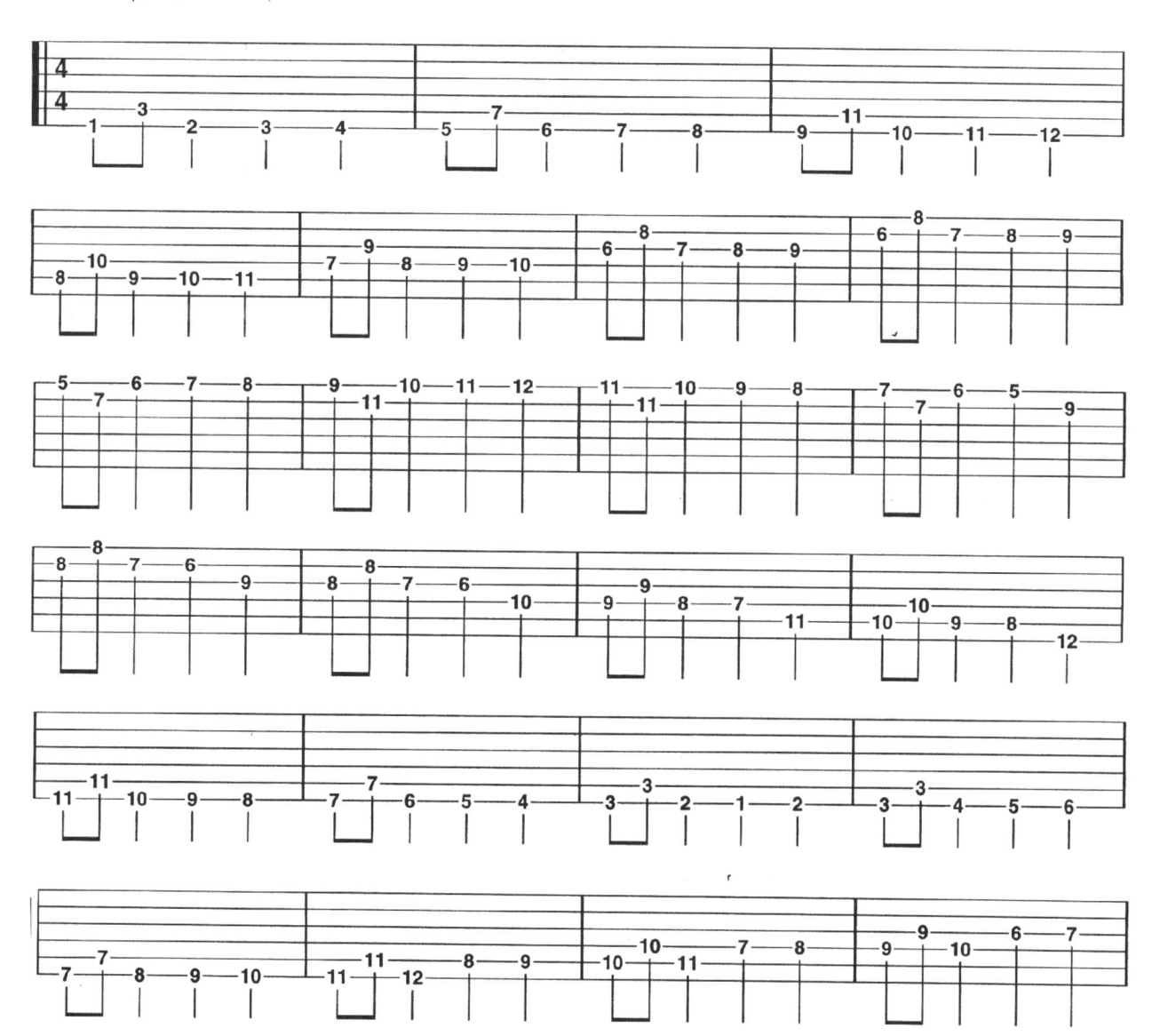

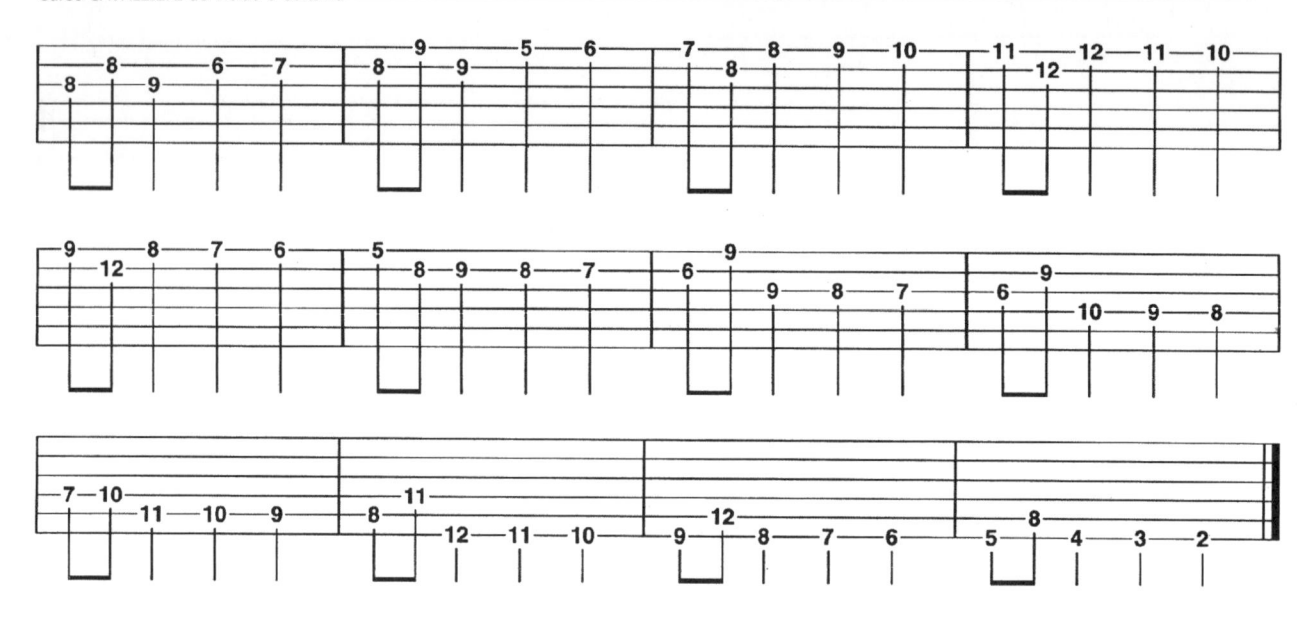

Escala Cromática Fazendo uma Colcheia com o Dedo 2

ATENÇÃO AO RITMO

Usar palhetada sempre alternada

Sempre no 1º tempo do compasso

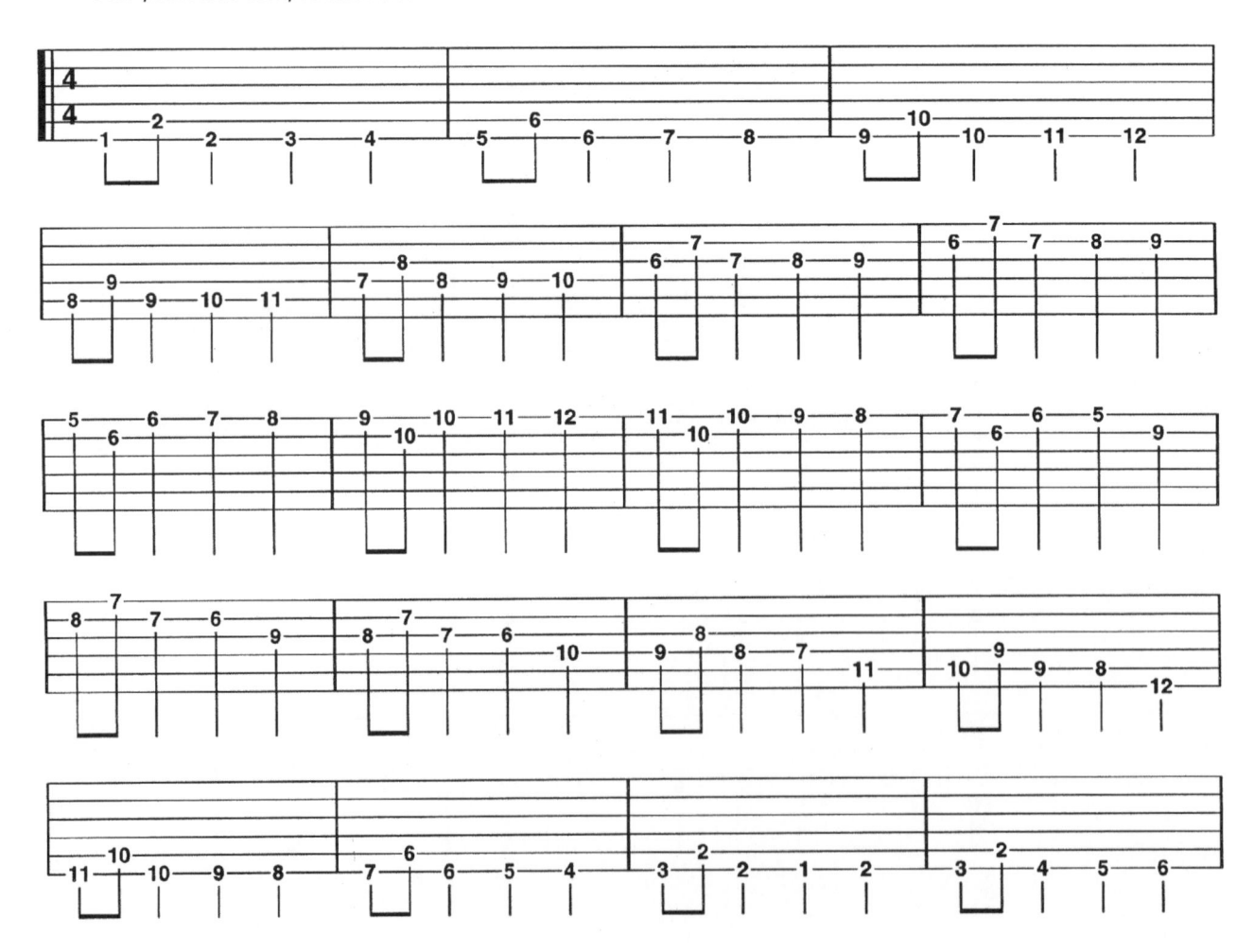

Escala Cromática Fazendo uma Colcheia com o Dedo 1

ATENÇÃO AO RITMO **Sempre no 1º tempo do compasso**

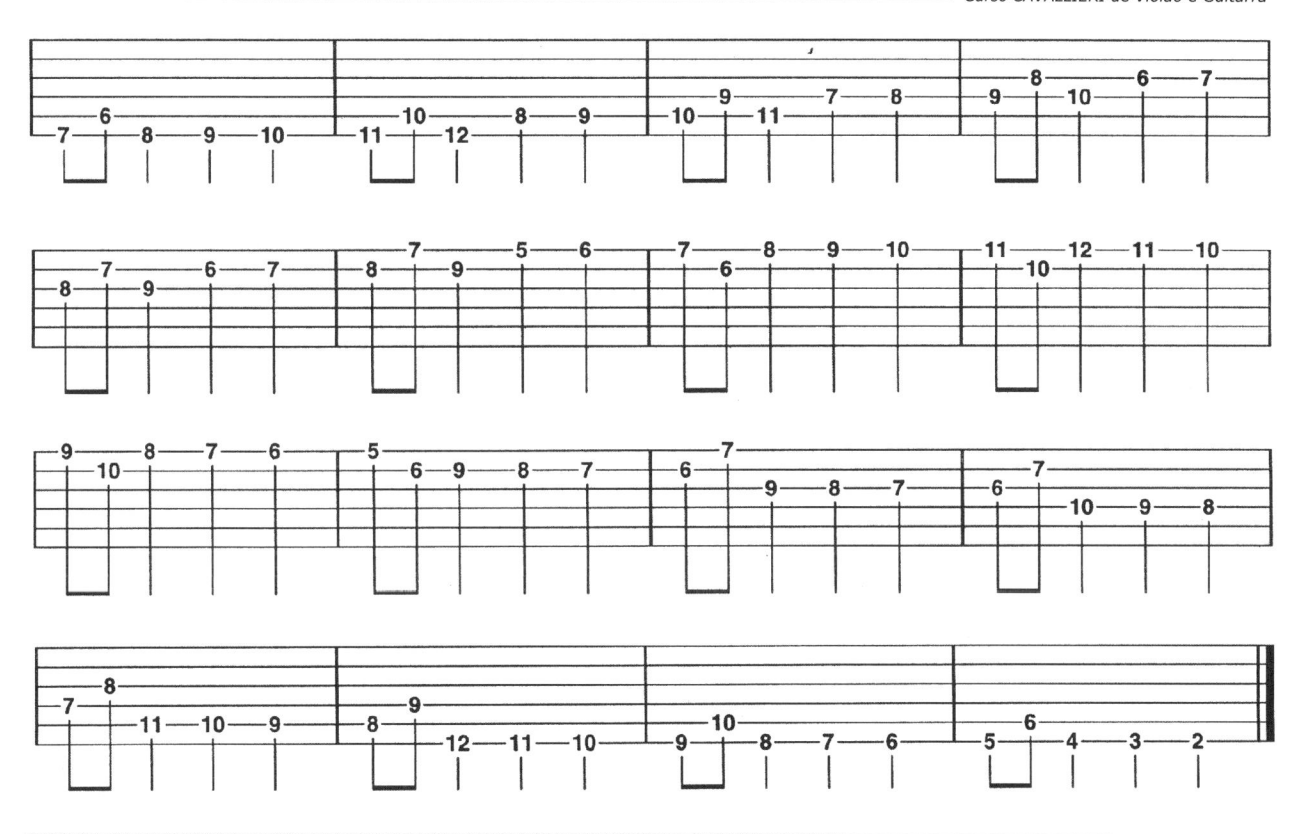

Usar palhetada sempre alternada   *A utilização da Pestana com o Dedo 1 é bem útil*

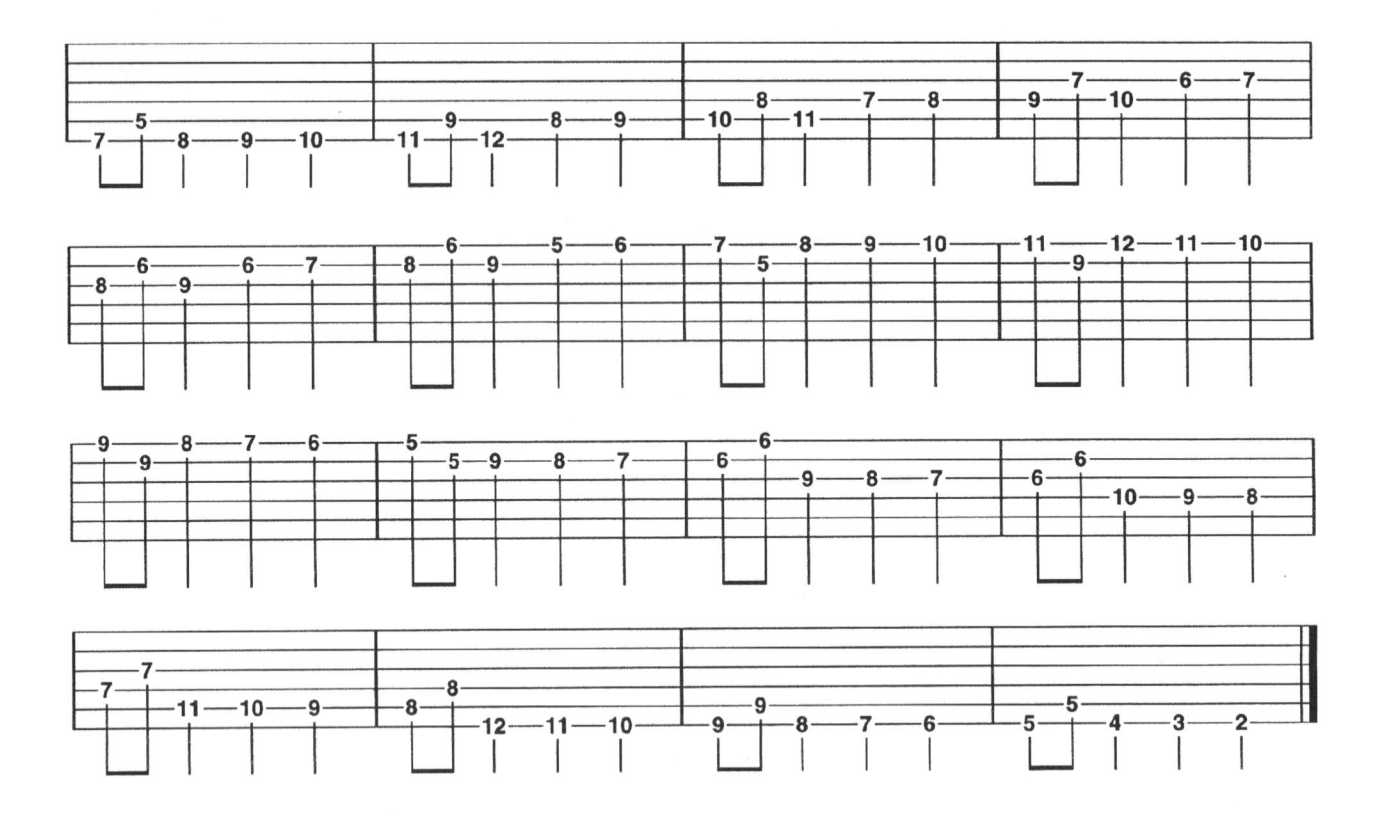

Tapping

Pode-se escolher o indicador, médio, anular ou todos

Usa-se a Mão Direita para martelar a nota na escala

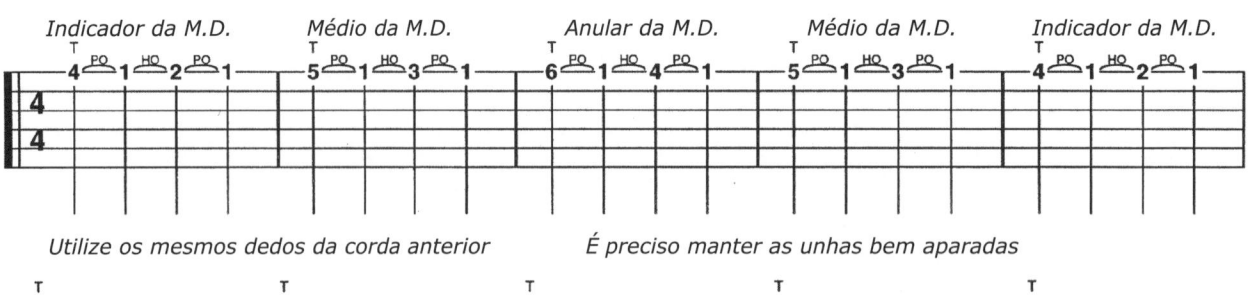

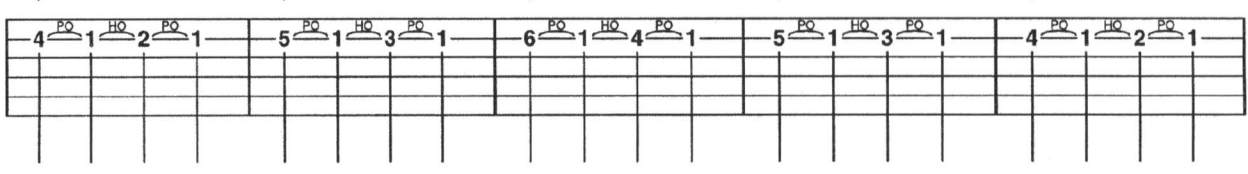

Indicador da M.D.   Médio da M.D.   Anular da M.D.   Médio da M.D.   Indicador da M.D.

Utilize os mesmos dedos da corda anterior   É preciso manter as unhas bem aparadas

"T" vem de Tapping, Typewriter ou ainda Two Hands

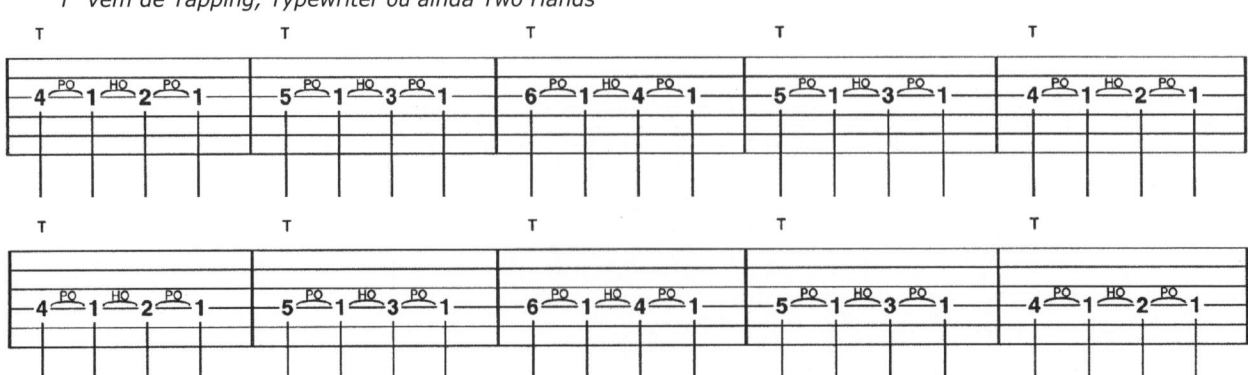

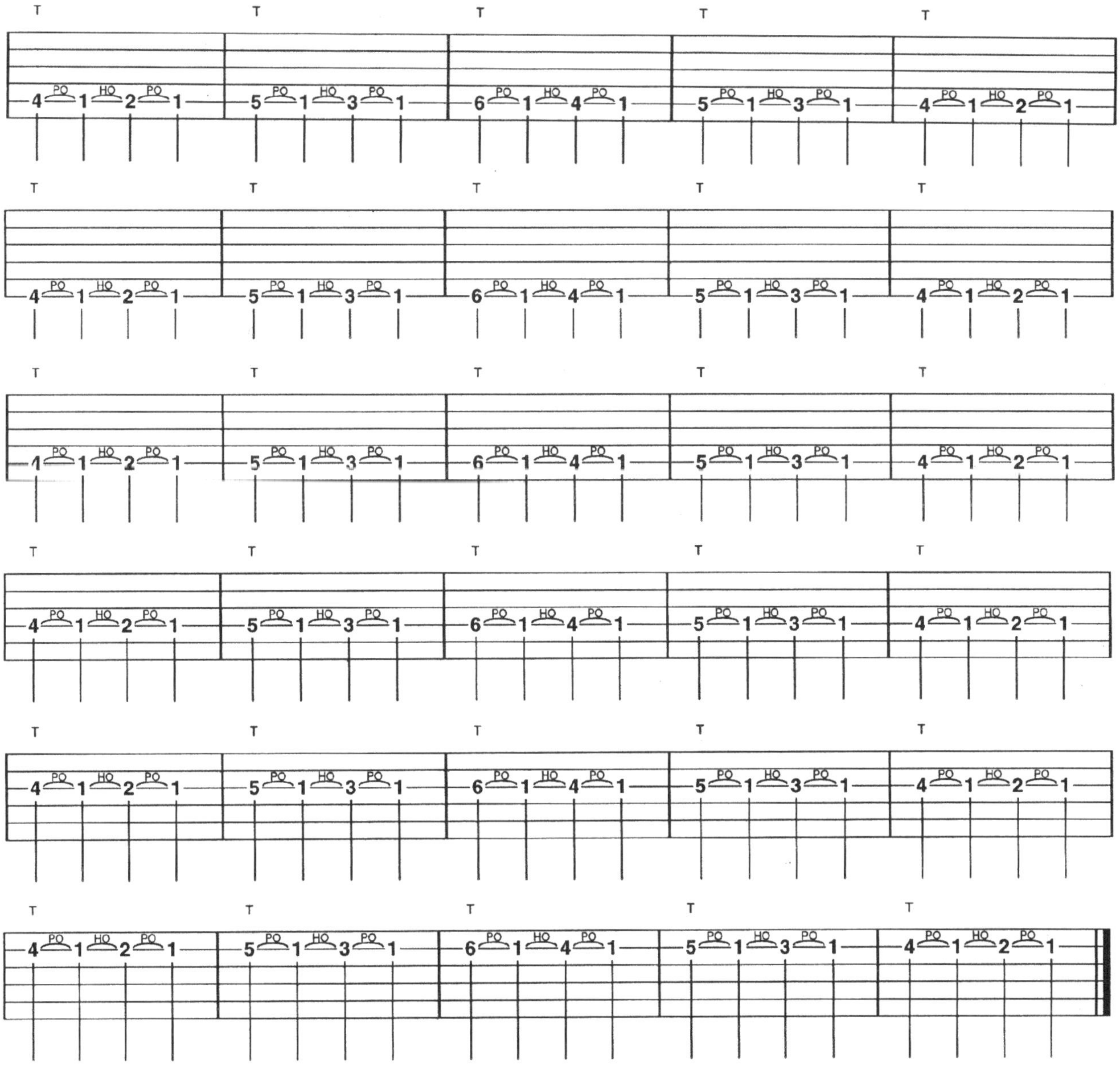

Exercício para Abrir os Dedos

Abertura para abranger mais casas com os dedos

Stretch

Usar dedos 1 4 3 4

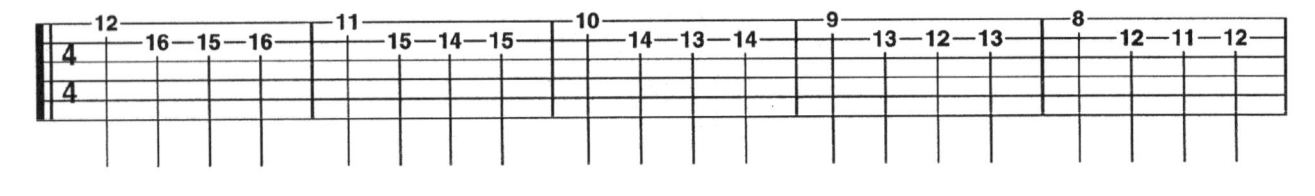

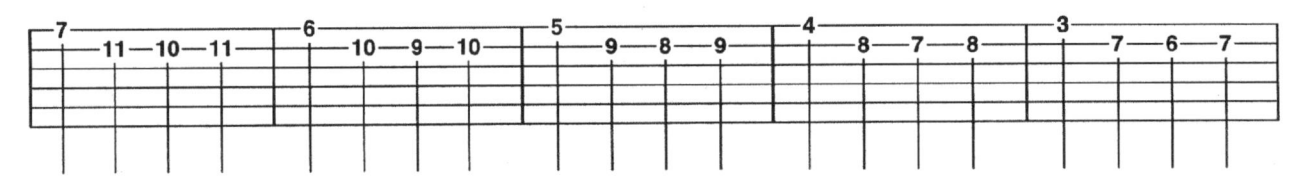

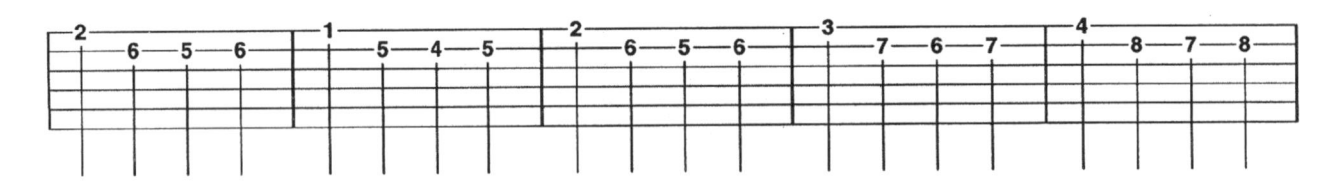

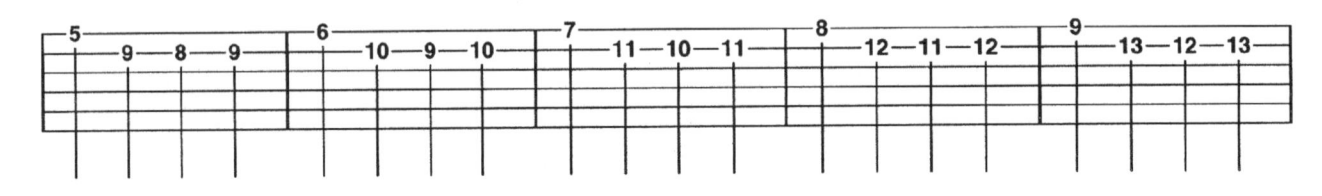

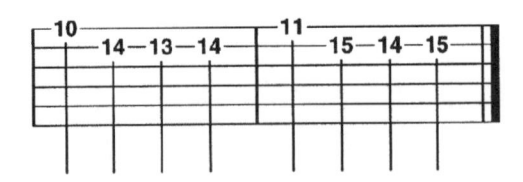

Trítono em X

O intervalo de 3 tons é o mais dissonante que existe

Trítono = 3 tons

Uma nota é o Trítono da próxima

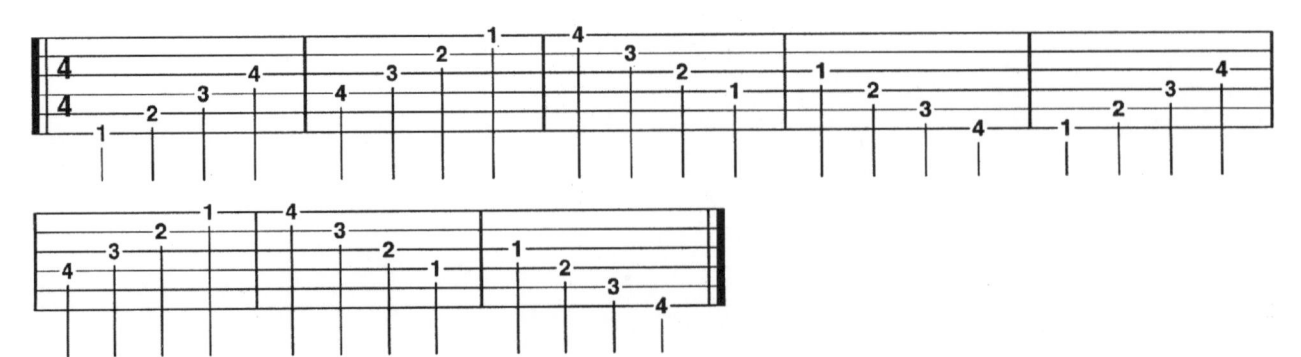

Trítono em X com Sweep Picking

Usar a palhetada sempre na mesma direção
Seguir a direção das setas indicando a palhetada
Lembre-se que a visão da tablatura é de cabeça para baixo

Sweep Picking = Vergadura de palheta

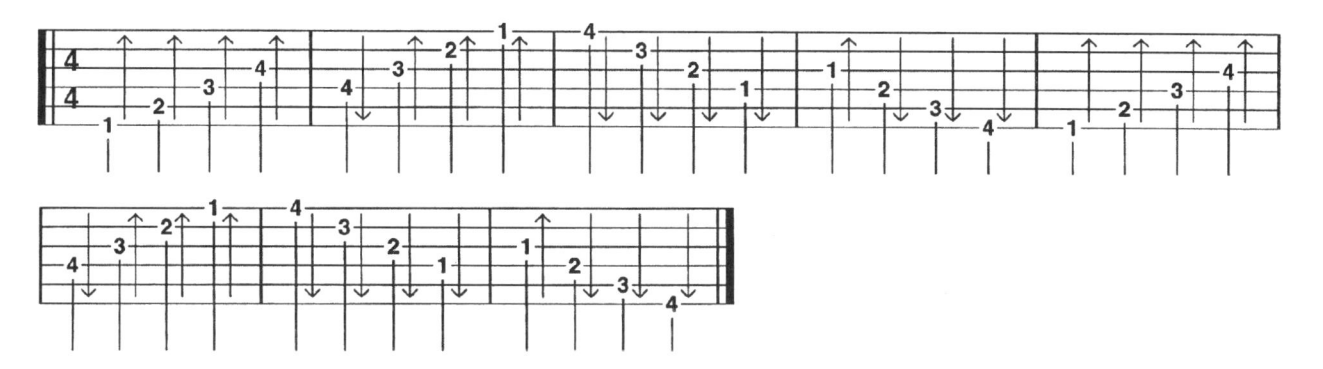

Trítono em X com Sweep Picking no Braço Todo

Usar a palhetada sempre na mesma direção
Seguir a direção das setas indicando a palhetada
Lembre-se que a visão da tablatura é de cabeça para baixo

Sweep Picking = Varredura de palheta

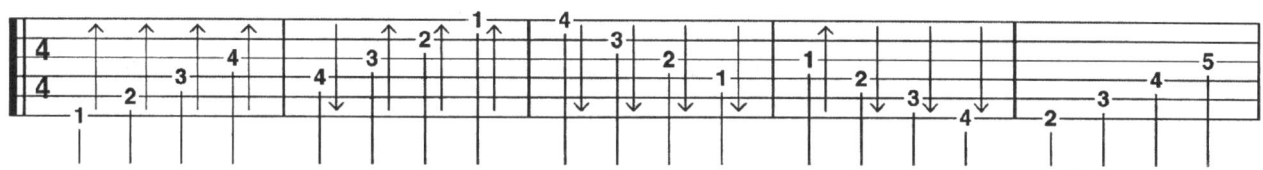

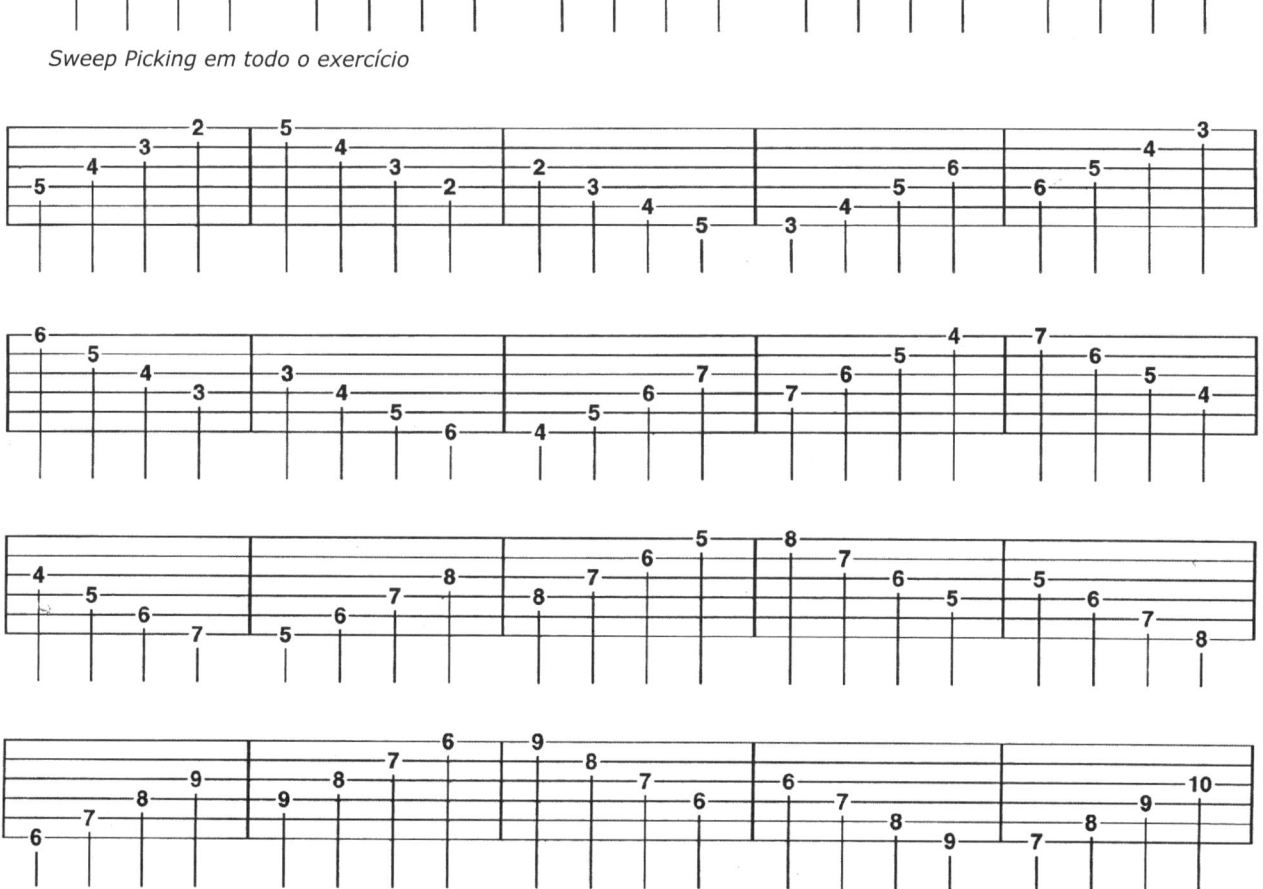

Sweep Picking em todo o exercício

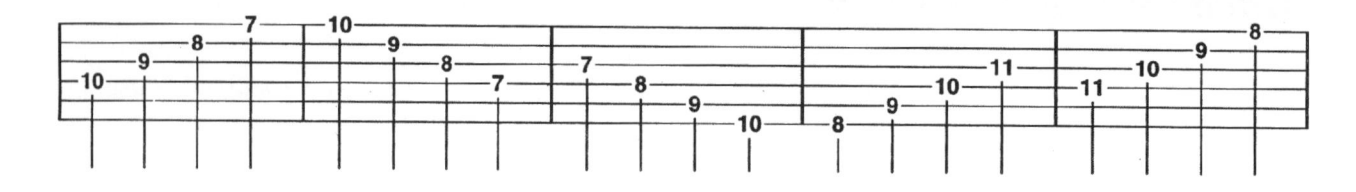

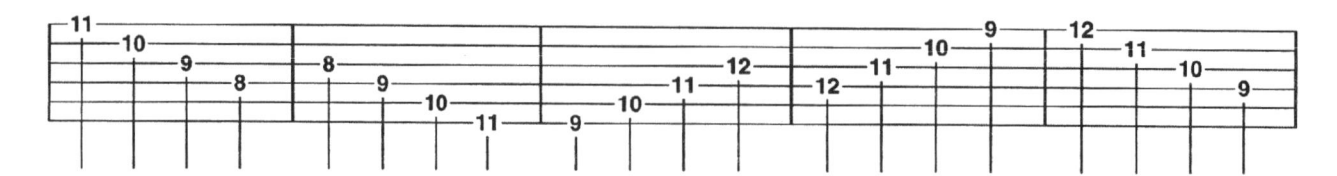

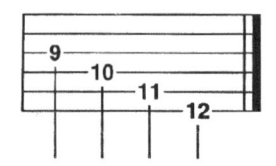

Escala Maior em Grau Conjunto de 3 em 3

Modo Jônico

Escala de Dó Maior

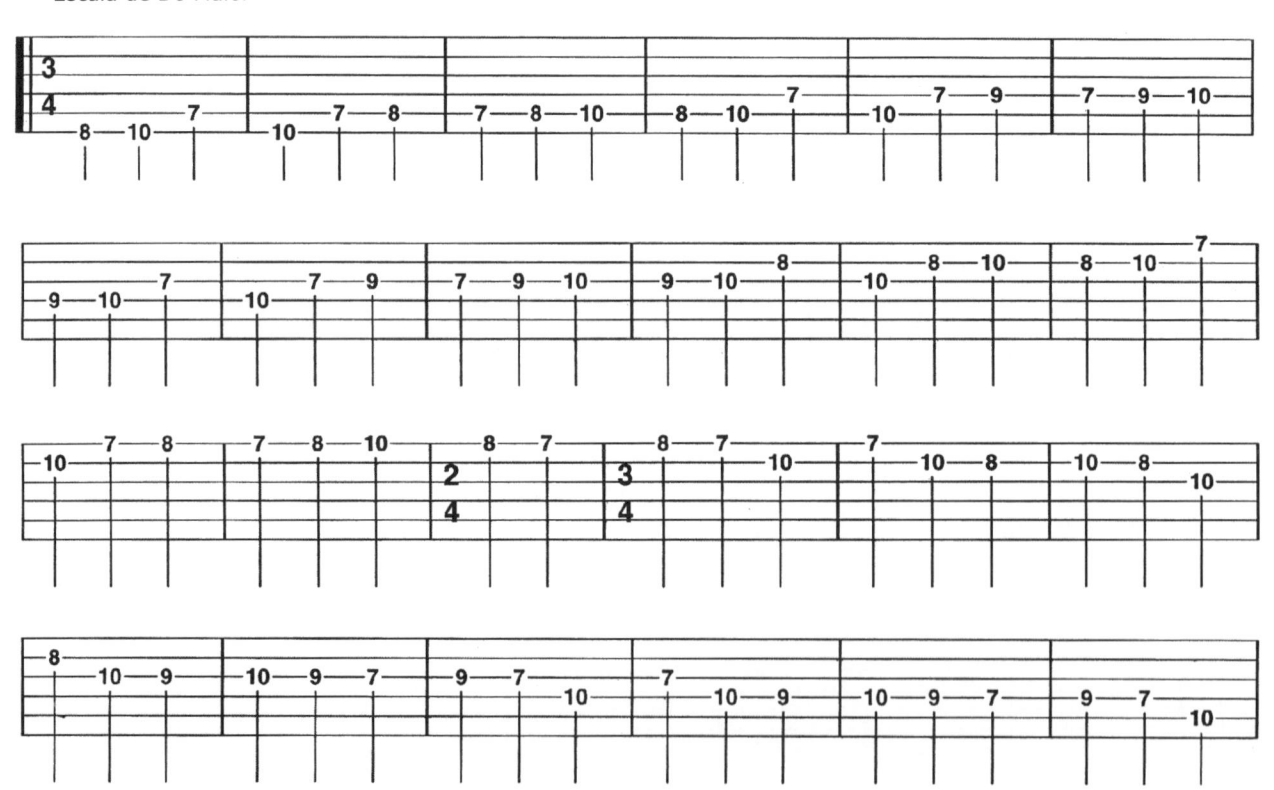

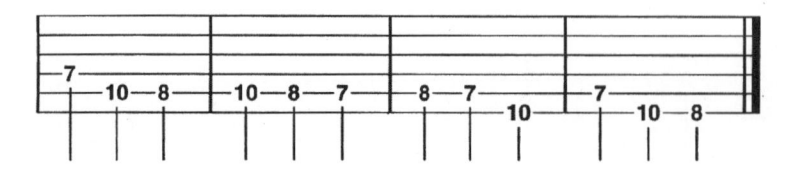

Escala Maior em Grau Conjunto de 4 em 4

Modo Jônico

Escala de Dó Maior

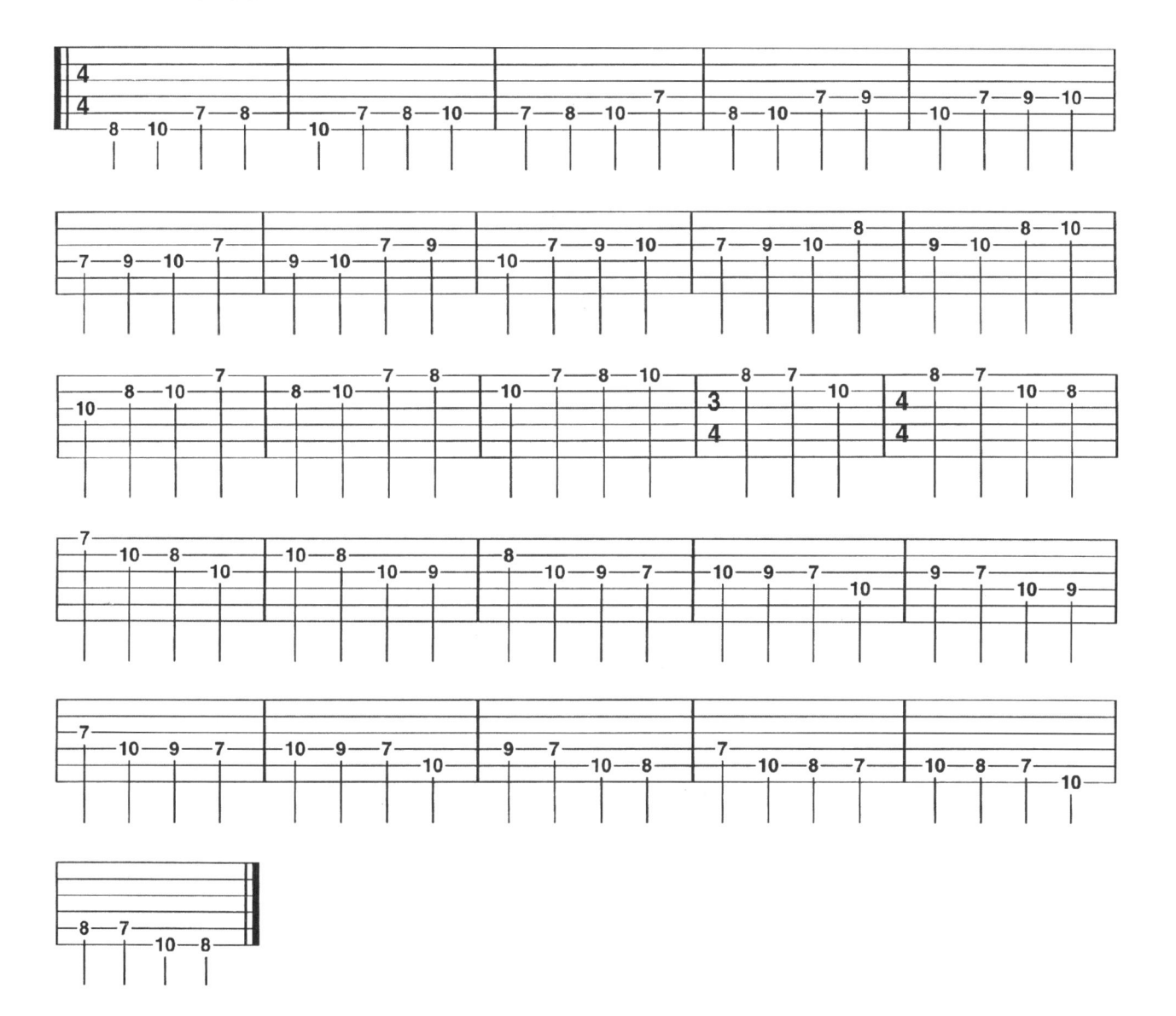

Escala Maior em Grau Conjunto Alternado

Modo Jônico

Escala de Dó Maior

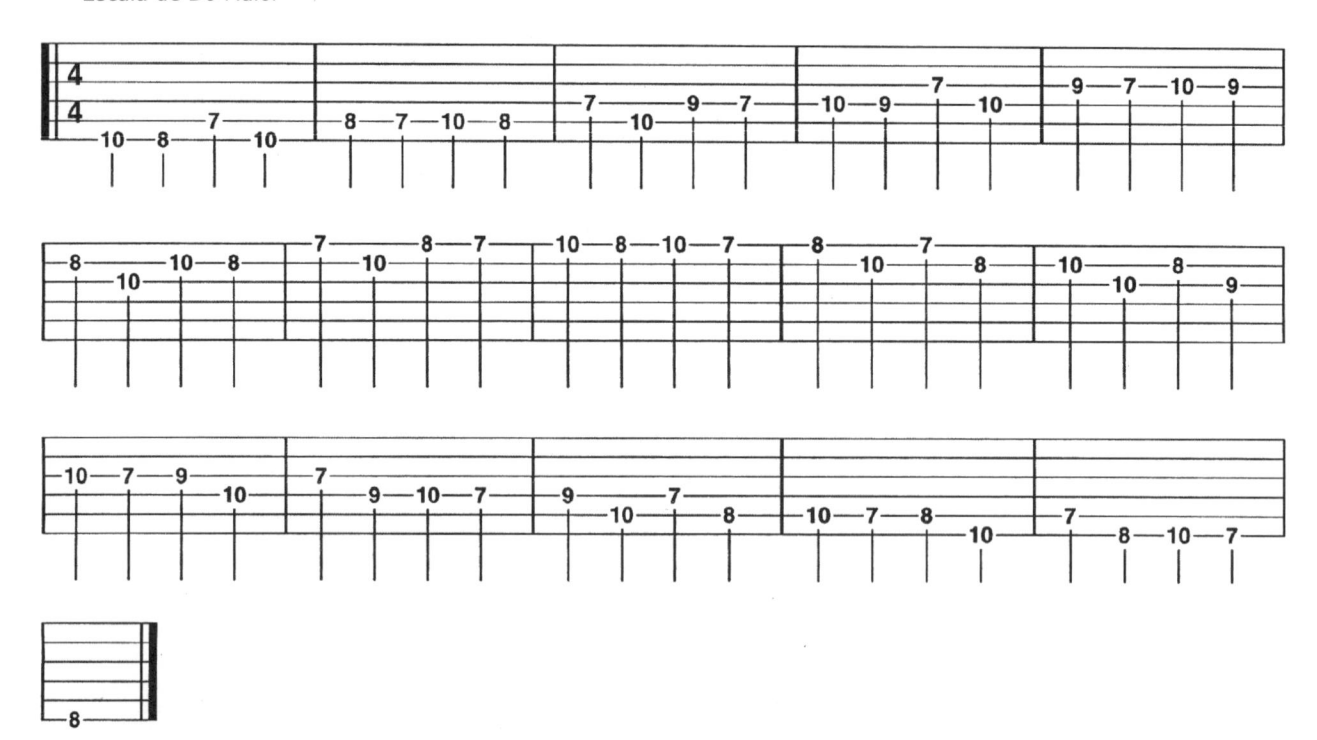

Escala Maior em Grau Conjunto de 3 em 3

Escala de Lá Menor Pentatônica

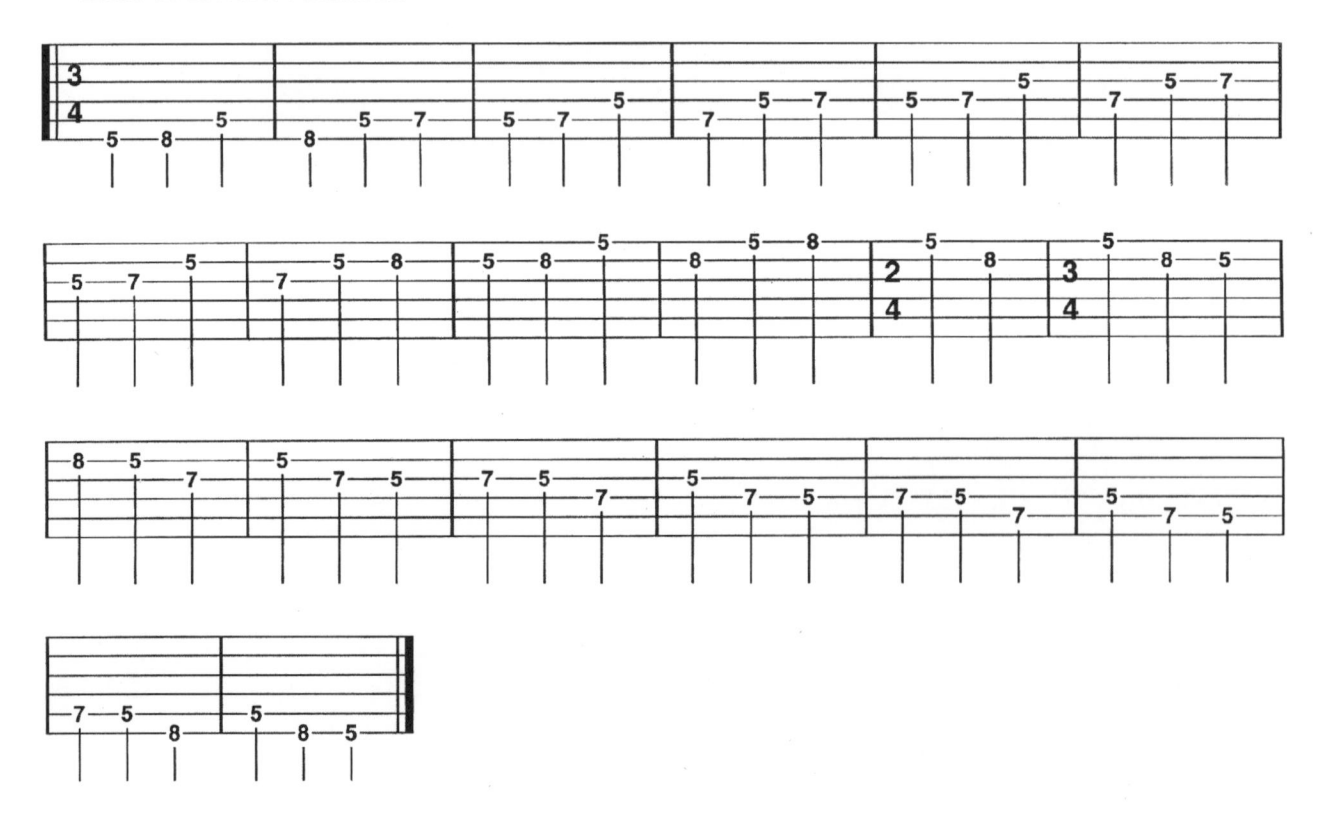

Escala Maior em Grau Conjunto de 4 em 4

Escala de Lá Menor Pentatônica *Use palhetada sempre alternada*

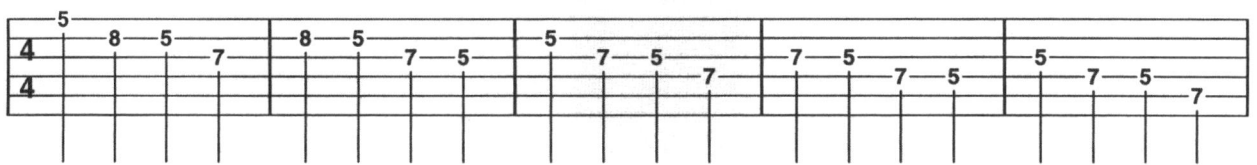

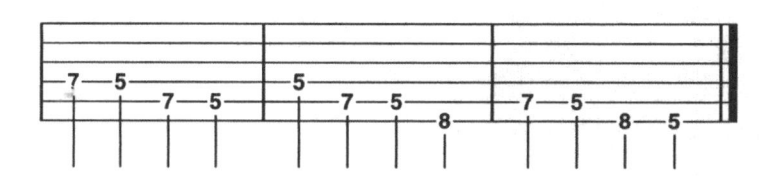

Acentue sempre a primeira nota do compasso

Escala Pentatônica em Grau Conjunto Alternado

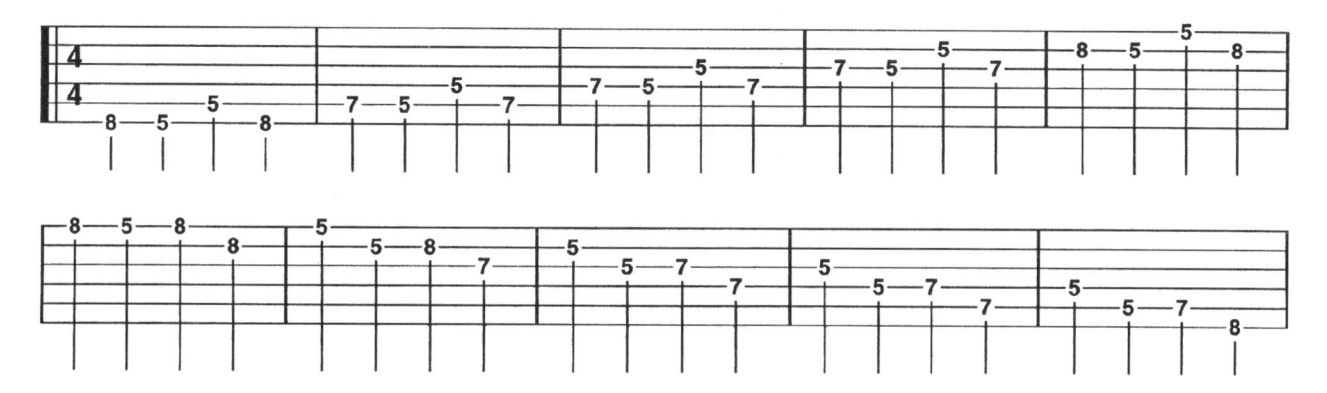

Escala de Lá Menor Pentatônica *Use palhetada sempre alternada*

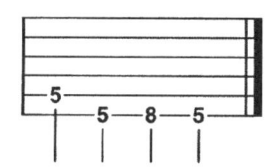

Pentatônica na Ordem Inversa de Cada Corda

Escala de Lá Menor Pentatônica

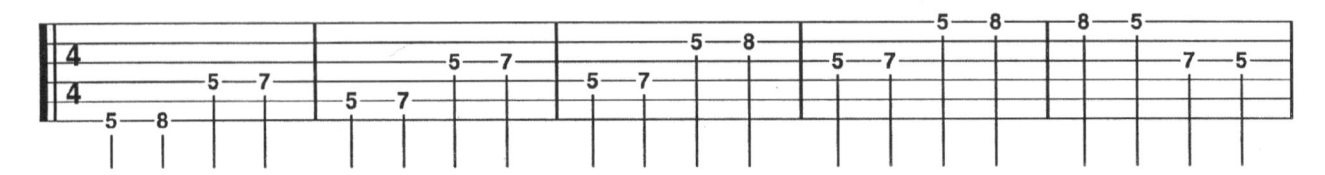

Fazer isto em todos os outros desenhos da pentatônica

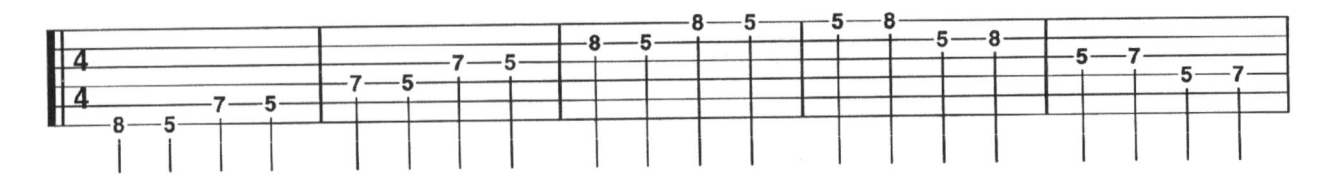

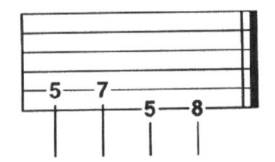

Pentatônica com String Skipping

String Skipping = Salto de Cordas

Escala de Lá Menor Pentatônica

Pulando as cordas na seguinte ordem 6 5 4...

Pentatônica com Slides e Vibratos

Escala de Lá Menor Pentatônica
Fazer isto em todos os outros desenhos da pentatônica

Slide = Arrasto

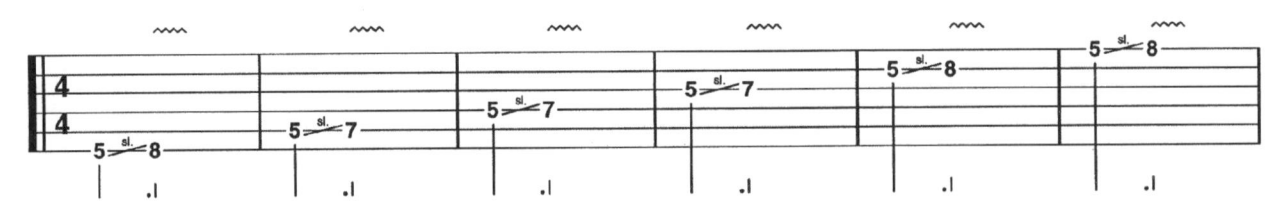

Usar um dedo diferente em cada repetição

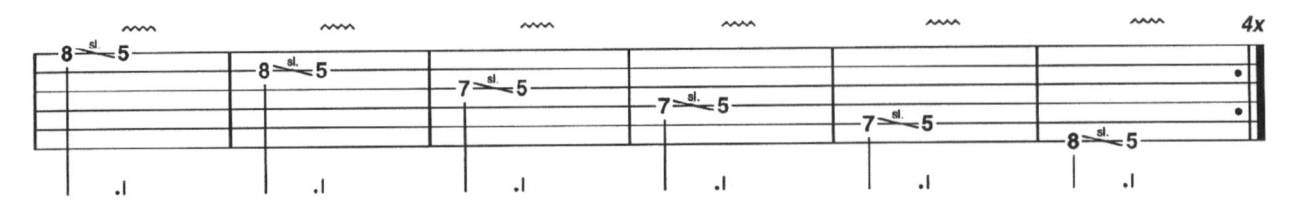

4x

Hammer-On na Horizontal

De um Fá a outro

Martelar todas as notas (não usar a mão direita)   *Melhorar a visão do braço na sua extensão*

Usar um dedo diferente em cada repetição

4x

Hammer-On nas Primas

Primas = 3 primeiras cordas

Notas da Escala de Dó Maior na horizontal   *Vai em uma corda e volta em outra*

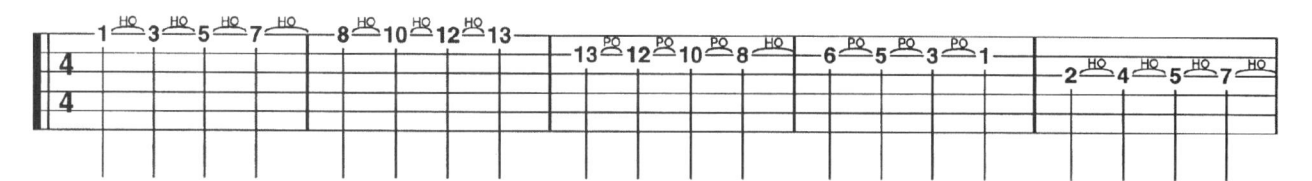

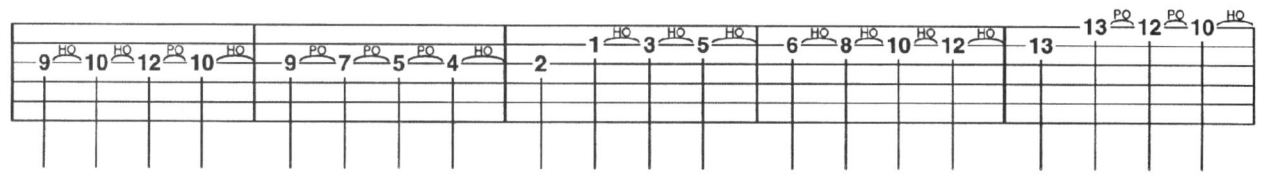

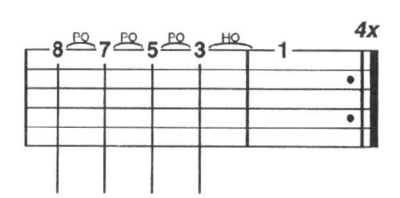

Usar um dedo diferente em cada repetição

4x

Hammer-On nos Bordões

Bordões = 3 últimas cordas

Notas da Escala de Dó Maior tocadas na horizontal *Vai em uma corda e volta em outra*

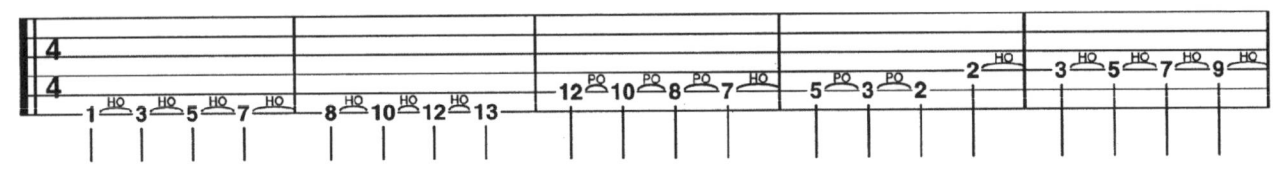

Usar um dedo diferente em cada repetição

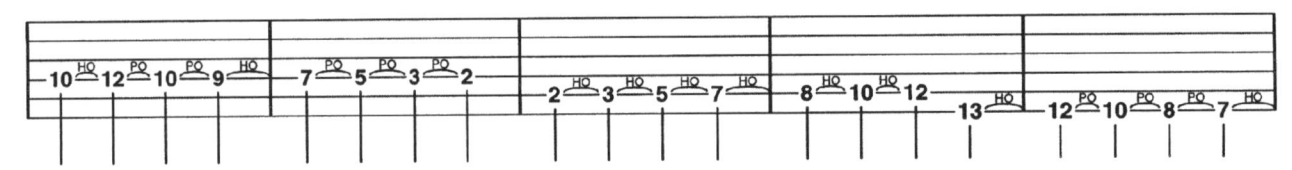

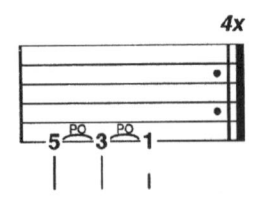

4x

Saltos com o Mesmo Dedo

Usar só um dedo da mão esquerda em todo o exercício

Modo Jônico da Escala de Dó Maior *Usar palhetada alternada*

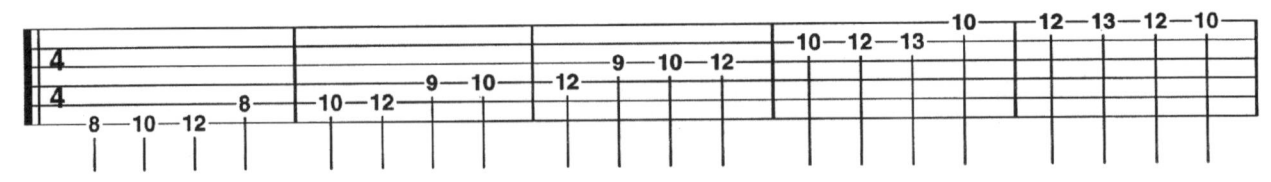

Desenvolve a leveza da mão esquerda *Usar um dedo diferente em cada repetição*

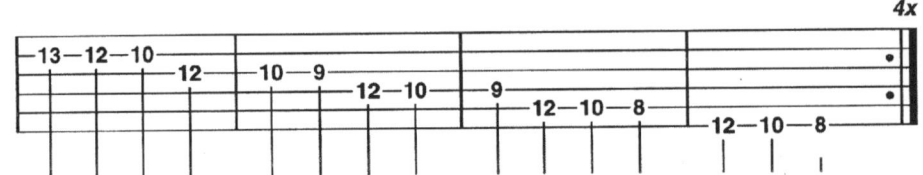

4x

Treinamento da Escala Maior e Pentatônica de Blues

Ascendente na Maior e Descendente na Pentatônica

Repetir 3 vezes as Tônicas Maiores na ida,
Tônicas Menores na vinda e um vibrato na Blue Note

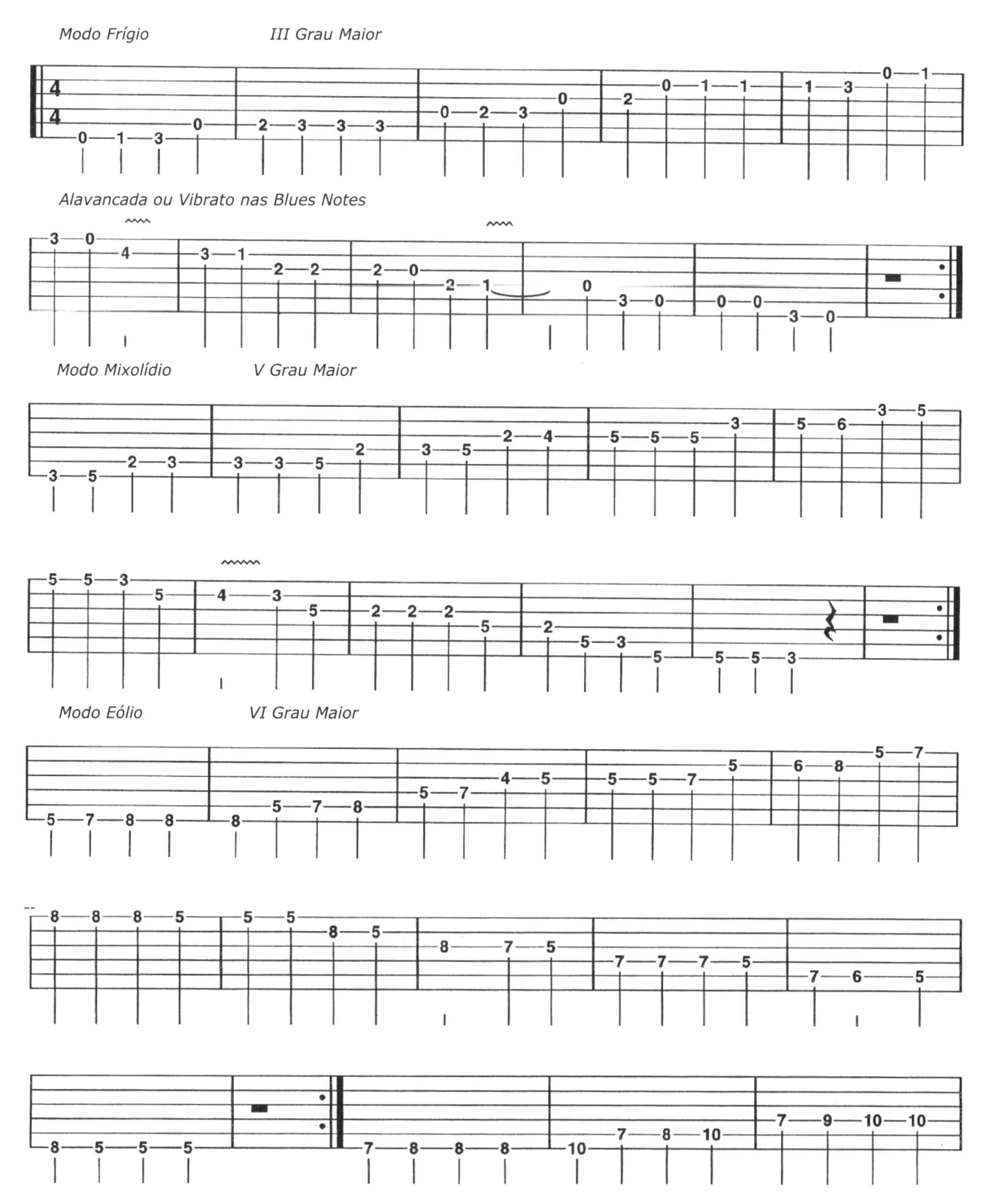

Modo Frígio   *III Grau Maior*

Alavancada ou Vibrato nas Blues Notes

Modo Mixolídio   *V Grau Maior*

Modo Eólio   *VI Grau Maior*

Modo Lócrio   VII Grau

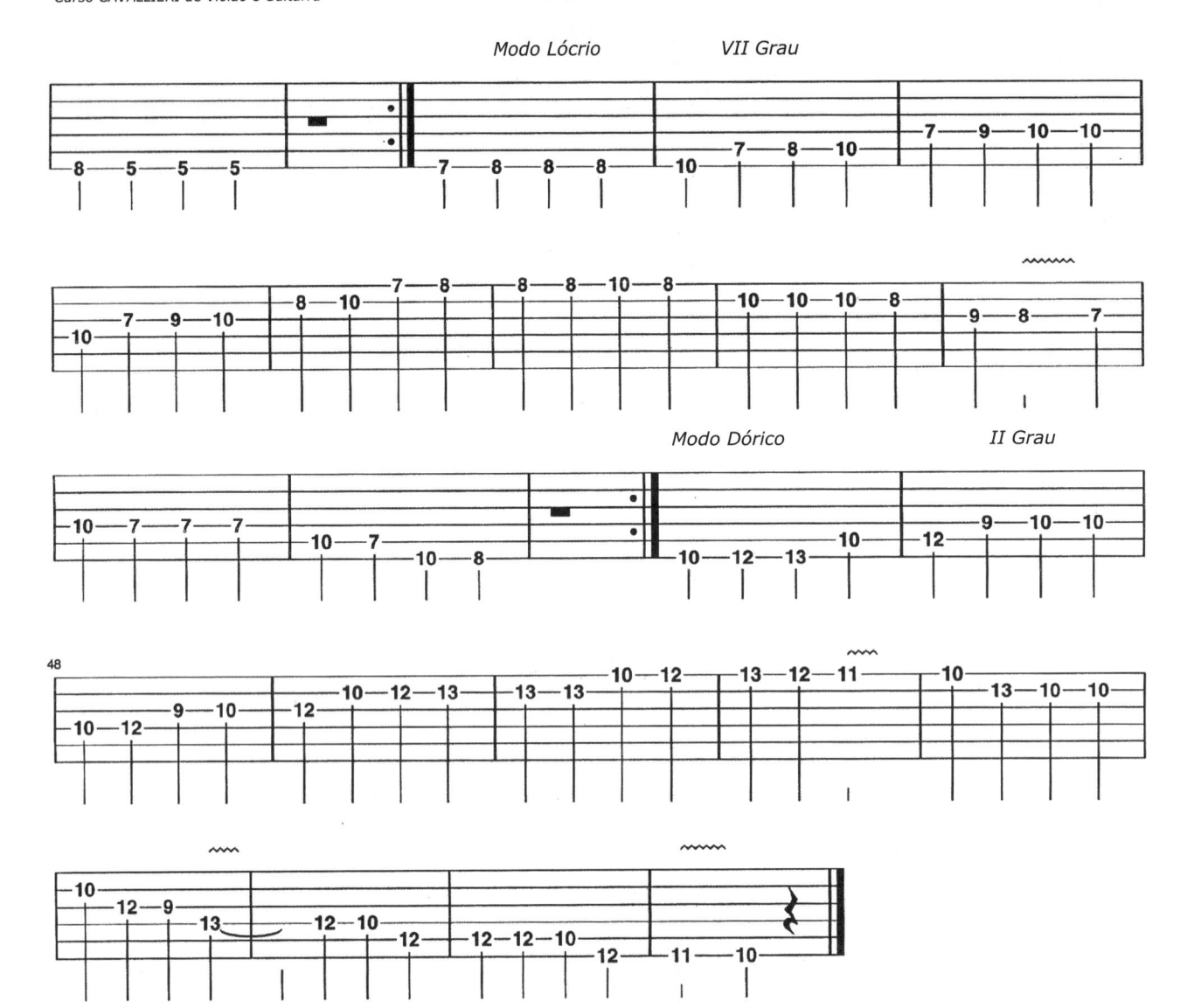

Modo Dórico   II Grau

5ª Parte
História da Música

*A música nos foi dada
com o objetivo único de colocar
ordem nas coisas, particularmente,
a coordenação entre o homem e o tempo.*

Igor Stravinsky (1882-1971)

História das Notas Musicais

Devemos os nomes das notas musicais ao monge beneditino *Guido d'Arezzo,* que nasceu na Itália no século XI, mais precisamente no ano de 992 e viveu até 1050.

Por ser devoto de *São João Batista* resolveu colocar como nome das notas musicais a primeira sílaba de cada frase de um hino litúrgico em latim:

UT *queant laxis*	*Para que possam*
REsonare fibris*	*ressoar as*
MIra gestorum*	*maravilhas de teus feitos*
FAmuli tuorum*	*com largos cantos*
SOLve polluti*	*apaga os erros*
LAbii reatum*	*dos lábios manchados*
Sancte **I**oannes!*	*Ó São João!*

E assim foram nomeadas as *sete notas musicais*. Algumas modificações porém ocorreram:

A primeira modificação foi utilizar as iniciais de *São João* que em latim ficou sendo **Si** em vez de **Sj** ou **Sa** como poderia ter sido.

A segunda delas foi em 1636, quando o maestro-cantor *Giovanni Battista Doni* percebendo que **Ut** não era fácil de ser cantada, por terminar em consoante, mudou-a para **Dó**, fazendo uma homenagem a si mesmo pois **Dó** era a primeira sílaba do seu sobrenome.

A Itália, que possui grandes nomes da música clássica universal como *Puccini* ("*Madame Butterfly*", "*Tosca*","*La Bohème*"), *Verdi* ("*La Traviata*","*Aída*","*Nabucco*"), *Paganini* ("*Carnaval de Veneza*"), *Vivaldi* ("*As 4 Estações*"), *Pergolesi* ("*La Serva Padrona*"), *Rossini* ("*O Barbeiro de Sevilha*") foi que mais influenciou a *escrita musical* e por assim dizer, a *teoria musical,* já que grande parte da mesma se baseia na escrita e leitura da música...

Perceba que a maioria dos termos musicais são expressos em língua italiana:

ritornello (refrão ou estribilho)

rallentando (desacelerando) **rall.**

pianissimo (fraquíssimo) *ppp*

Da capo (voltar ao começo) **D.C.**

Na verdade, antes disso, as notas já eram chamadas por **letras** ou **cifras** (**A, B, C, D, E, F e G**) criadas pelo papa *Gregório O Grande* no ano de 540 d.C., até hoje muito usado pelos países *anglo-saxões* (*Inglaterra, Alemanha, Áustria*, entre outros) sendo que a nota ou escala preponderante era a **Lá** e não a **Dó** como é para nós, latinos. Podemos perceber essas evidências notando-se que o *diapasão* (uniformização universal da frequência das notas) é em **Lá 440 hertz** e a primeira nota grave de um piano também é **Lá**.

A **pauta musical** com apenas uma linha surgiu no século IX e o próprio *Guido d'Arezzo* foi quem sugeriu que aumentassem o número de linhas para 3 ou 4. O canto gregoriano utiliza até hoje o tetragrama.
O pentagrama, sistema atual com 5 linhas, só foi adotado no século XVII.

História do Violão

A origem do *violão* não é precisa. Os primeiros ancestrais datam da cultura persa, egípcia e greco-romana, portanto *antes de Cristo*. Já eram instrumentos de cordas esticadas por tarrachas, tocados com dedo ou arco sobre uma caixa de ressonância; contudo, a época em que surgiu o violão, exatamente como o conhecemos, não está registrada. As primeiras notícias de dois instrumentos semelhantes ao violão remontam ao século XII:

Alaúde - *forma mourisca (oval), de fabricação mais custosa e para classes mais nobres.*

Vihuela - *forma latina (forma de um 8), mais difundido entre a plebe, na Idade Média.*

No século XVI já existiam pequenos violões com apenas cinco cordas (todas, menos o *Mi bordão*) e que podem ser vistos em museus pelo mundo. Só dois séculos após, introduziram a corda *Mi*.

A Espanha foi o centro do desenvolvimento do violão; talvez por ter sido o primeiro país da Europa onde os árabes difundiram o instrumento. Dos poucos grandes homens que delinearam a história do violão clássico, a maioria era da Espanha como *Francisco Tarrega*, um dos primeiros virtuoses (século XIX); dentre estes, pode-se citar como o maior de todos *José Ferdinando Sor* (1778-1839), mais conhecido como *Fernando Sor*. Ele compôs mais de 400 peças para violão e também foi o autor do primeiro método sistematizado de violão, onde documenta detalhadamente sua técnica e seu estilo. São também contemporâneos de *Sor*, *Dionísio Aguado* e *Matteo Carcassi*.

No campo do desenvolvimento da construção dos violões, a maior evolução se deu mesmo muitos anos mais tarde, com o *luthier* (pessoa que fabrica e conserta instrumentos) de nome *Antônio de Torres Jurado* (1817-1892), mais conhecido como *Torres*. Ele foi sem dúvida, a figura mais importante na história da construção do violão; pouca coisa se modificou desde então. Pode-se dizer que *Torres* é o "Stradivarius do Violão".

Os maiores violonistas da história do Brasil foram: *Garoto*, *Canhoto*, *Dilermando Reis*, *Sebastião Tapajós*, *Dino 7 Cordas*, *Turíbio Santos*, *Baden Powell* e *Rafael Rabelo*. Atualmente em atividade no nosso país podemos citar: *Yamandú Costa*, *Paulinho Nogueira*, *Guinga*, *Toninho Horta* e *João Bosco*.
Paco de Lucia é o grande expoente da música flamenca; *André Segóvia* e *John Williams* da música clássica. Estes são instrumentistas exclusivos de violão, porém, quase todos os bons guitarristas do mundo começaram com o violão e frequentemente fazem algumas incursões no instrumento acústico.

Até mesmo o maior compositor brasileiro, *Heitor Villa-Lobos*, fugia das suas aulas clássicas na adolescência para aprender violão com malandros cariocas, já que o instrumento era muito mal visto pelas rodas burguesas, no começo do século. O maestro deixou lindas peças para violão entre as suas obras, que são muito famosas em todo mundo.

Partes do Violão

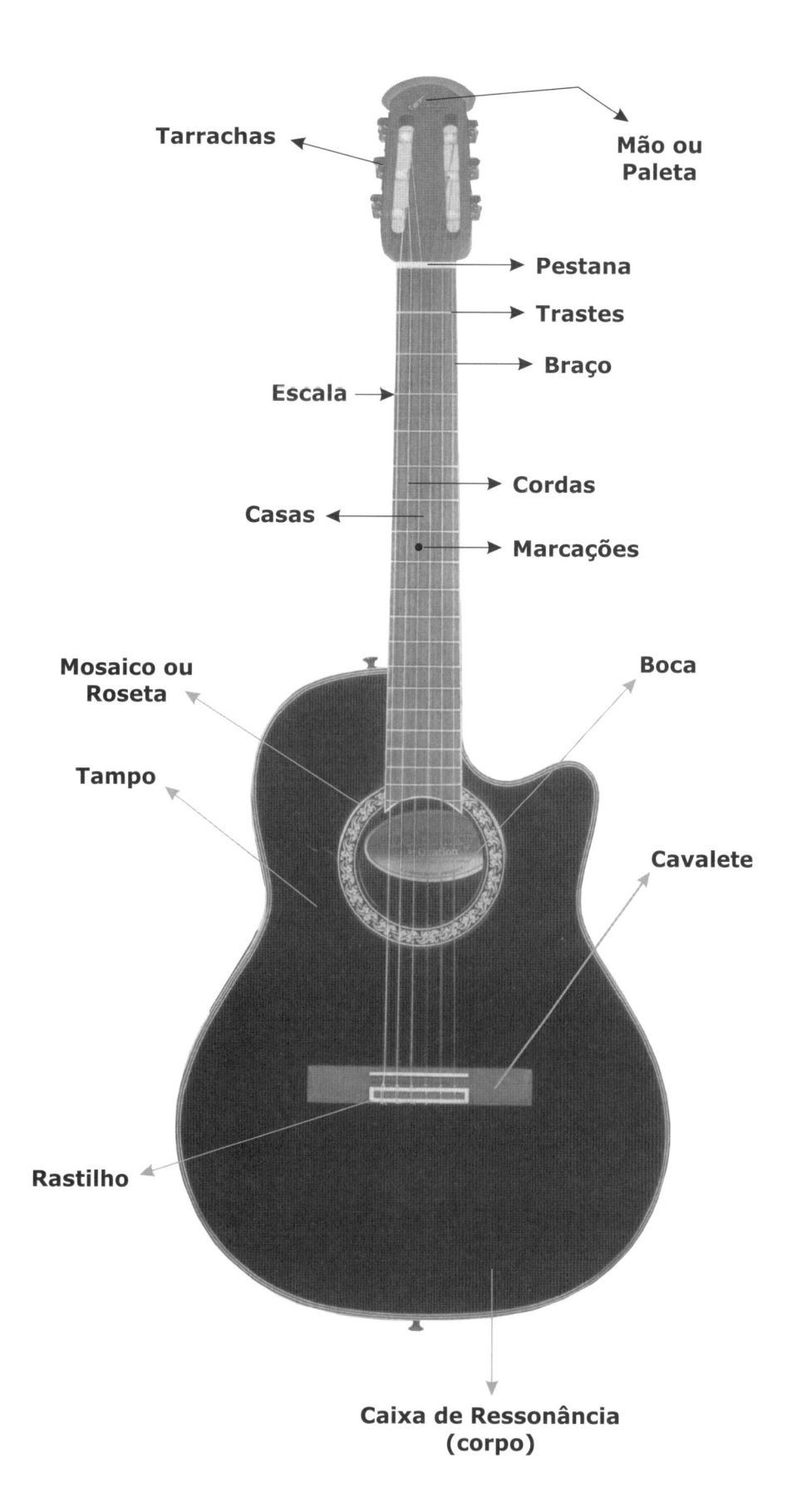

- Tarrachas
- Mão ou Paleta
- Pestana
- Trastes
- Braço
- Escala
- Cordas
- Casas
- Marcações
- Mosaico ou Roseta
- Boca
- Tampo
- Cavalete
- Rastilho
- Caixa de Ressonância (corpo)

História da Guitarra

A *guitarra* nasceu da necessidade de aumentar o volume do violão. Acredita-se que a história da guitarra tenha começado com uma pessoa chamada *Lloyd Loar*, entre 1920 e 1924, quando trabalhava para a fábrica de instrumentos *Gibson*. Ele desenvolveu vários tipos de captadores (ímã enrolado por um fio de cobre que altera o seu campo magnético com a vibração da corda de metal e induz uma corrente elétrica para a boca do violão), mas só em 1935 a *Gibson* introduziu um modelo no mercado, a *ES-150*, talvez a primeira guitarra semi-acústica elétrica da história.

Na tentativa de solucionar o problema da microfonia, pelo excesso de reverberação na parte oca do instrumento, resolveu-se tentar fazer uma guitarra sólida como as atuais. A primeira idéia veio das *guitarras havaianas* apelidadas de "frigideira" que *Adolph Rickenbacker* junto com *George Beauchamp* em 1931 fabricavam na *Electro String*, tendo como principal destaque a antiga *Vibrola Rickenbaker*, a primeira com braço destacável.

Somente nos anos 60 veio a consagração da marca com os *The Beatles* usando-as.

Em 1944, *Leo Fender* < que tinha uma oficina de consertos de rádios > associou-se a *"Doc" Kaufman*, ex-empregado de *Rickenbacker*, para criar a *K&F* (de Kaufman e Fender); nesta época *Leo* montou uma guitarra maciça (pela sua facilidade de construção) para demonstrar um novo captador feito por ele. Fez tanto sucesso que tinha até lista de espera para compra. Depois a *K&F* se dissolveu e *Leo* fundou a famosa *Fender Electric Instruments Company* que, em 1948, pôs no mercado a *Fender Squire* que virou *Broadcaster* e depois *Telecaster*.

As *Stratocasters* só apareceriam em 1954:

Nesse meio tempo, *Les Paul* trabalhava na mesma direção. Ele tinha ouvido dizer que *Thomas Edison* tinha um violino maciço e achava que a grande solução seria colocar o captador fixo sem movimentação, num corpo sólido. Em 1941 a *Epiphone* permitiu que *Les Paul* usasse a sua oficina aos domingos; lá construiu a célebre *"Log"* (tora), também tida como uma das primeiras guitarras. Depois começou a trabalhar para a *Gibson* onde se tornou famoso:

No Brasil também existiram aqueles que vislumbraram esta nova geração de instrumentos mas não tiveram a visão mercadológica dos americanos. Estes foram *Dodô e Osmar*, inventores do *Trio-Elétrico* e da *guitarra baiana* (um cavaquinho maciço com afinação de bandolim e captação elétrica). Isto em 1942.

Concluindo, não se pode dizer quem realmente foi o primeiro a fazer uma guitarra elétrica, ou quem copiou de quem. Certamente não se pode afirmar com segurança, mas estas foram as bases para a imensa variedade de guitarras que temos hoje...

Pedais de Efeito

São divididos em 4 grupos e estão colocados na ordem que devem ser ligados da guitarra para o amplificador (*Input* para *Output*):

1. **Filtro**
2. **Distorção** (Saturação)
3. **Modulação**
4. **Ambiência**

1.) **Filtro**:
Este tipo possui muitas variantes diferentes: *Compressores/Limiter* (comprimem a saída da onda fazendo com que o volume do som seja o mesmo independente da força do seu toque), *Sustain* (aumenta a duração da nota), *Equalizador* (regulagem de grave, agudo e médio), *Wah-Wah* (regulagem de grave-agudo através de um pedal em forma de acelerador de carro, para baixo fica grave e para cima agudo; é possível ele ser automático: *Auto-Wah*), *Noise Gate* (tira o ruído característico do uso de muitos pedais em uma cadeia).

2.) **Distorção** (Saturação):
Há vários modelos: *Drive, Overdrive, Crunch, Fuzz, Distortion, Lead, Heavy Metal* e outros.
Foi inventado por acaso quando guitarristas colocavam o volume do amplificador no máximo e conseguiam uma sonoridade diferente da original, com mais *Sustain* e "sujeira". Entretanto com o tempo o amplificador se deteriorava. Assim desenvolveu-se o pedal para não sobrecarregar o amplificador. Atualmente muitos amplificadores vêm com a distorção já embutida que também não estraga o mesmo. Eles podem ser valvulados ou transistorizados.

    Exemplo de marcas e modelos de pedais:
        Overdrive OD-3 e *Distortion DS* da *"Boss"*
        Tube Screamer da *"Ibanez"*
        Distortion da *"MXR"*

3.) **Moduladores**:
Existem vários tipos diferentes: *Chorus, Flanger, Phaser, Trêmolo, Vibrato* e outros.
Dá mais corpo ao som da guitarra, com mais harmônico e maior brilho. Alguns modulam o sinal alterando as ondas criando vibrações.
    Harmonizer-Pitch: Este pedal dobra o som original fazendo soar mais uma guitarra ao mesmo tempo. Este novo som pode ser a mesma nota ou ainda uma oitava, uma quinta, uma terça ou até mesmo um acorde inteiro. Muito comum ser usado junto com um pedal de expressão para ter o domínio do efeito no momento desejado.

    Exemplo:
        Oitavador
        Pitch Shifter
        Harmonizer
        Doubling
        Step
        Whammy
    e outros.

4.) **Ambiência**:
Existem dois tipos básicos, o *Delay* ("atraso" em inglês, este é o eco propriamente dito) e o *Reverb* (dá a impressão de estarmos tocando em uma sala vazia sem móveis). Atualmente vários amplificadores vêm com um *Reverb* de mola já embutido.
    Exemplo de marcas e modelos de pedais:
        Digital Delay da *"Boss"*
        Behringer

Todos esses pedais podem ser encontrados como um simples *pedal* que você liga e desliga com o pé, como um *rack* que fica numa estante (como se fosse um aparelho de som) para você mexer manualmente ou numa *pedaleira* onde você encontra vários destes pedais em um só aparelho podendo salvar várias combinações em um determinado banco.

Partes da Guitarra

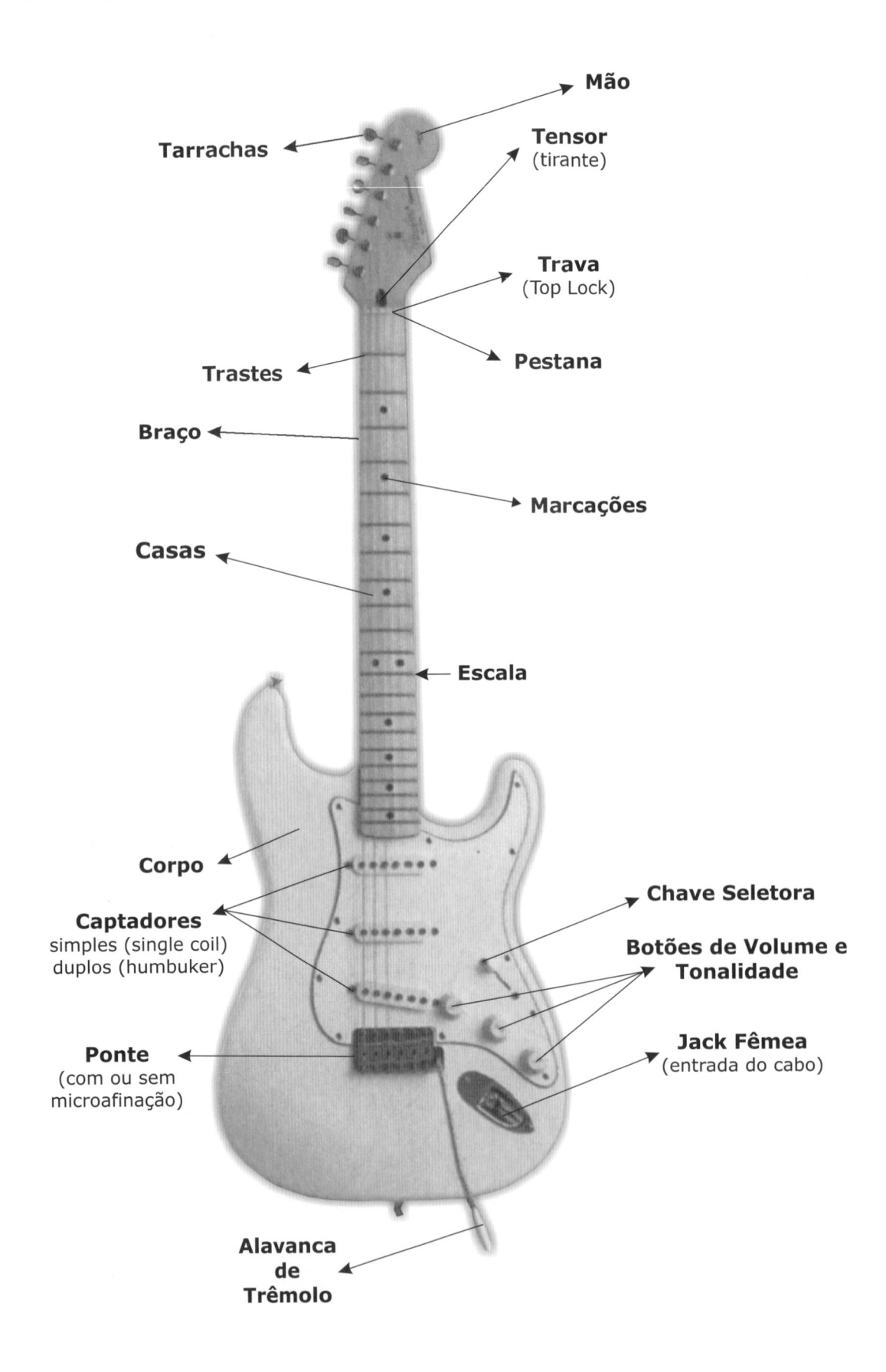

- **Mão**
- **Tarrachas**
- **Tensor** (tirante)
- **Trava** (Top Lock)
- **Trastes**
- **Pestana**
- **Braço**
- **Marcações**
- **Casas**
- **Escala**
- **Corpo**
- **Chave Seletora**
- **Captadores** simples (single coil) duplos (humbuker)
- **Botões de Volume e Tonalidade**
- **Ponte** (com ou sem microafinação)
- **Jack Fêmea** (entrada do cabo)
- **Alavanca de Trêmolo**

Tipos de Guitarras

As guitarras podem ser classificadas levando em consideração a história do seu desenvolvimento:
1. Da necessidade de se elevar o som do violão, surgiram inicialmente as *guitarras acústicas/semi-acústicas*.
2. Depois, para resolver o problema da microfonia apareceram as *guitarras sólidas com ponte fixa*.
3. Depois veio a idéia de colocar as cordas presas em uma ponte com molas, surgindo então as *guitarras com alavancas de trêmolo*.
4. Mas, que com muito uso, acabava por desafinar as cordas, assim prenderam as cordas com uma trava no começo do braço (*locking nut*) e inventaram as *guitarras com microafinação*.

Guitarras acústicas/Semi-acústicas:
Guitarras ocas, muito usadas em *jazz*, *fusion* e estilos musicais sem o uso de distorção. Tem o som suave e aveludado com um grave profundo. É costume usar cordas pesadas para ela como 0.11, 0.12 ou 0.13 milímetros na 1ª corda (mizinha) o que dificulta o uso de *bends*, mas em compensação quase não desafina e dá um som bastante encorpado. Costumam ter menos trastes do que o normal. Sempre usam captadores duplos (*humbuckers*) pois estes dão menos "hum" e esta guitarra é muito difícil de blindar toda ela por dentro para impedir qualquer interferência dificultando o aterramento. Usada por *B.B.King* e *Chuck Berry*.

Guitarras sólidas com ponte fixa:
Trabalham muito bem com distorção, já que não são ocas, impedem a ressonância do som internamente. Possuem um *sustain* (duração do som) excelente. Tem o seu maior exemplo a modelo *Gibson Les Paul*. O tipo de madeira que a guitarra é construída é muito importante, pois a sua dureza, peso e solidez vão ter influência direta sobre o som do instrumento. Os captadores aqui utilizados podem variar entre os simples (*single coil*) que dão bastante brilho e som puro e os duplos (*humbucker*) mais fortes, pesados e bons para uso com distorção. Usada por *Slash* (*Guns*), *Angus Young* (*AC-DC*), *Jimmy Page* (*Led Zeppelin*) e outros.

Guitarras com alavanca fixa:
Possuem uma ponte (lugar onde se prende as cordas no corpo da guitarra) presa por molas que podem ser balançadas com uma alavanca. A guitarra ganhou uma nova gama de sons originais nunca dantes tentados. Agora o vibrato pode ser feito com muito mais vigor e o grave através da alavanca. Possui as mesmas características sonoras da anterior e tem na *Fender Stratocaster* o seu principal modelo. É a guitarra mais comum, mais vendida e mais copiada do mundo. Possui normalmente só 21 trastes. Usada por *Jimi Hendrix*, *Jeff Beck*, *Mark Knofler* (*Dire Straits*), *Eric Clapton*, *David Gilmour* (*Pink Floyd*) e outros.

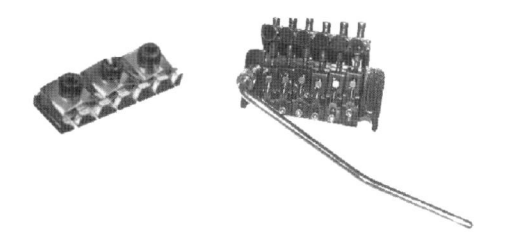

Guitarras com microafinação:
Para solucionar a eterna desafinação nas guitarras com alavanca, quando são muito usadas, inventou-se uma trava de cordas colocada no começo do braço que impede o funcionamento das tarrachas (*locking nut*). Mas, para fazer pequenos ajustes na afinação tiveram que colocar uma afinação fina na região da ponte, chamada de microafinação. A alavanca com microafinação mais bem desenvolvida foi feita pela *Floyd Rose*. Essas guitarras trouxeram tudo de mais moderno no desenvolvimento das guitarras como possuírem captadores diferentes (simples e duplos) em diferentes combinações, 24 trastes ou mais e por vezes 7 cordas. É uma guitarra muito versátil podendo ser usada em uma gama enorme de estilos. Desde guitarristas bem tradicionais até aqueles de *Trash*, *Metal Melódico* e *Nu Metal* que gostam da maciez do seu toque e extensão da sua escala. Aceitam uma regulagem bastante fina podendo as cordas ficarem bem baixas facilitando o toque, o *bend* e a rapidez. Atualmente as guitarras deste modelo mais famosas são as *Ibanez* usadas pelos igualmente famosos *Steve Vai*, *Joe Satriani* e *Paul Gilbert*.

A História da Música

Como surgiu a música?
A música surgiu de várias formas diferentes, em lugares e situações diversas, com características variadas.

Antiguidade clássica:
A música é modal e vinculada a visões de mundo, tendo grande importância na sociedade. Fazia parte do currículo escolar dos gregos, por exemplo. Ela servia, era um objeto de utilidade. Era comum atribuir poderes místicos à música. Com a visão grega, porém, nasce a idéia de apreciação da música.... No entanto, ela nunca está isolada do canto ou da recitação poética.

Música Cristã Primitiva:
A unificação da música em todo o império cristão, idéia do papa *Gregório O Grande* (540 d.C.), *São Gregório*, propôs um sistema monofônico em latim, onde havia somente o canto em uníssono. Posteriormente acrescentou-se uma quinta paralela à melodia. É o chamado *Canto Gregoriano*.

No final da idade média surgem os *neumas* para uma notação musical mais precisa, junto a um sistema de quatro linhas. É também aí que surgem os nomes das notas.

Há as músicas trovadorescas, populares e não religiosas, que empregam instrumentos de cordas para acompanhar o canto.

Renascença:
Nessa época, há uma cisão com o passado e na música não poderia ser diferente: experiências com *motetos* polifônicos propiciam uma melhor noção de pulso. A escrita musical se aprimora, sendo capaz de definir tempos relativos às notas. Os músicos eram considerados empregados, estando sempre vinculados aos mecenas.

Muitas composições serviram de música de fundo de festas ou mesmo como "despertador" dos empregadores.

Barroco:
É o auge da polifonia, quando encontramos *Bach*. A principal realização desse período é o sistema temperado ou tonal, compilado na obra *"O Cravo Bem-Temperado"*, do já referido autor. Essa obra redefine a linguagem musical usada até em nossos dias, tamanha a sua importância. Surgem vários gêneros musicais, tal qual a *toccata*, e há a experimentação de novos instrumentos e modelos. Os músicos ainda dependem de empregos fixos.

É neste período que o violino se torna popular na Europa.

Clássico:
É deste período o piano e o violão modernos. A principal característica é a releitura do período barroco e a consagração do sistema tonal, mas alguns gêneros surgem, como a valsa. Os músicos adquirem certa liberdade empregatícia, mas ainda não têm a liberdade de realizarem turnês.

Mozart foi um compositor clássico.

Romântico:
Nesta época, ainda se está muito condicionado à releitura dos temas clássicos e barrocos. A orquestração atual ganha sua forma. Surgem gêneros como o *noturno*. Há o emprego de exagerada dinâmica e variação de andamento.

Surge a *Música Descritiva*.

Modernismo:
Negação da tradição legada por Bach, surgem o *Serialismo*, *Atonalismo*, *Neomodalismo*, *Dodecafonismo*, dentre outros vários estilos. O maior representante do período é *Claude Debussy*.

No Brasil, *Heitor Villa-Lobos*.

MUSICA ANTIGA (1000-1600)
(Idade Média e Renascimento)
ERA BARROCA (1600-1750)
(Corelli, Couperin, Purcell, Scarlatti, Albinoni, Vivaldi, Telemann, Haendel, J.S.Bach)
ERA CLÁSSICA (1750-1820)
(Haydn, Mozart, Beethoven, Clementi)
ERA ROMANTICA (1810-1920)
(Schubert, Liszt, Chopin, Schumann, Berlioz, Brahms, Tschaikowsky, Mahler, Stauss, Mendelssohn, Paganini)
OPERA ROMANTICA (1810-1920)
(Verdi, Puccini, Wagner, Bizet, Rossini, Bellini, Donizetti, Offenbah)
ESCOLAS NACIONAIS (1830-1950)
(*Russa*: Borodin, Mussorgsky, Rimsky-Korsakov, Rachmaninov; *Tcheca*: Dvorak; *Austro-Alemã*: Orff, Grieg; *Escandinava*: Sibelius, Elgar; *Britanica*: Holst, Ireland; *Norte-Americana*: Foster, Gottschalk, McDowell; *Francesa*: Saint-Saens, Fauré, Debussy, Dukas, Ravel; *Italiana*: Mascagni, Leoncavallo; *Espanhola*: Albeniz, De Falla, Granados, Rodrigo; *Brasileira*: Villa-Lobos)
A MÚSICA MODERNA & CONTEMPORÂNEA (1900)
(Bela Bartok, Stravinsky, Milhaud, Hindemith, Poulenc, Lambert, Gershwin, Copland, Bernstein, Khachaturian, Prokofiev, Shostokovich, Messiaen, Boulez)

A História da Música Brasileira

DO BRASIL-COLÔNIA AOS ANOS 30

Obviamente, no Brasil-Colônia, já se fazia música, inclusive temos belos exemplos de *música barroca* produzida em Minas e São Paulo, porém essa música nada tinha de brasileira, pois toda a estrutura melódica, rítmica e harmônica e mesmo a temática era simplesmente uma cópia dos modelos europeus. Mesmo na música popular, o que era comum ouvir-se nos salões eram: *modinhas*, *valsas*, *minuetos*, *xotes* (*schottish*) e *polcas*.

Nos quintais porém, cheios de influência negra e indígena, já se dançava o *maxixe*, o *lundu*, o *jongo*, as *chulas*, o *baiano*, o *tambor de crioulo*, o *côco*, o *bate-pau*, o *caxambu*, o *milindô*, o *maracatu* e outros. Também dançava-se o *congado*, que era, e ainda é, uma celebração profano-religiosa em que os negros relembram seus tempos de glória na África, onde muitos eram nobres e reis tribais, antes de se tornarem escravos.

O Brasil teve uma evolução musical paralela à dos Estados Unidos. Primeiro os negros (e aqui também os índios) fizeram sua música popular, de ritmo bem marcado, falando do trabalho duro e da tristeza do cotidiano escravo. Essa música foi sendo mesclada com os padrões europeus e surgem (como *Scott Joplin* na América) pianistas de formação clássica, que adotam os temas, a harmonia e o sabor negro, incorporando-os em suas criações, como foi o caso de *Ernesto Nazareth* e *Chiquinha Gonzaga*. Portanto, na *música de salão*, estes foram os primeiros a romper com o padrão europeu e fazer música com temas e estilos brasileiros, isto no começo do século XX.

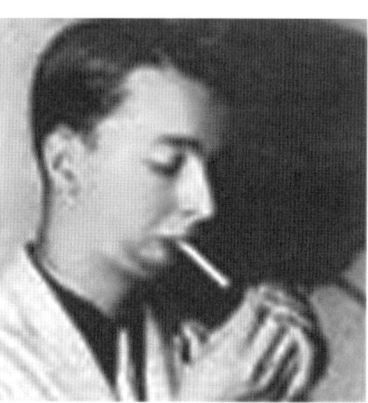

O preconceito porém era grande e, mesmo depois do fim da escravidão, as manifestações culturais dos negros continuaram a ser reprimidas. Era proibido praticar o *candomblé*; e as festas negras também eram dispersadas pela polícia. Entretanto, no Rio de Janeiro, havia uma casa que era um misto de bar-restaurante-moradia e dancing, conhecida como *Casa da Tia Ciata*, uma baiana radicada na capital. Lá se promoviam grandes festas, com muita música negra, muito *soul* e muito *swing* e esses encontros eram chamados de *sambas*. Também surgiu nessa época um tipo de composição musical, onde o virtuosismo nos instrumentos era mais importante que as letras que eventualmente existissem. Era o *choro* (mais arrastado) e o *chorinho* (mais repicado e de andamento mais rápido) habitualmente executados por bandas compostas de cavaquinho, flauta e violão.

A fusão do *lundu* com todos os ritmos já citados, que se dançavam ao som de palmas nos terreiros, em que os parceiros tiravam os outros para dançar a roda com uma "umbigada", foi se transformando no que se passou a chamar genericamente *samba*. Assim como o *jazz*, o *samba* nasceu sem controle e com inúmeras variantes.

Portanto, no início do século XX, estava já criado um gênero musical que não mais se confundiria com as *polcas*, *chulas*, *lundus* e outros. E grande mérito nisso teve o carioca, descendente de baianos, *Donga* (*Ernesto dos Santos*), que reuniu vários estribilhos ouvidos no caos musical da *Casa de Tia Ciata* e foi registrá-los na Biblioteca Nacional em dezembro de 1916, com o título de "*Pelo Telefone*" e sob a indicação de gênero *samba*. Em seguida, em 1917, surge a primeira gravação pela *Casa Edison* dos famosos versos: "*O chefe da folia pelo telefone manda me avisar, que com alegria não se questione para se brincar*". Como foi sucesso de carnaval, o povo logo trocou a letra para: "*O chefe da polícia pelo telefone manda me avisar, que na Carioca tem uma roleta para se jogar*". Já naqueles tempos, a polícia se identificava com a contravenção!

O *samba* tornou-se então um gênero tão forte que dominou o cenário musical brasileiro da primeira metade do século XX. Mesmo que as *marchas*, *marchas-rancho* e *marchinhas* dominassem o carnaval, o *côco* e o *xote* continuassem sua influência no Nordeste e o *choro* e o *chorinho* ganhassem corpo e erudição, nos anos '30, '40 e '50 no Rio o *samba* foi o gênero de música urbana, popular e nacional, que passou a ser sinônimo de Brasil, como o futebol e o café.

Noel Rosa

Logo após o sucesso de *Donga*, surgiram outros mestres como *Sinhô* (pianista de gafieira), que dominou o cenário musical dos anos '20. E, nos anos '30, predominou toda uma geração de compositores do bairro carioca do Estácio (de classe média), entre os quais, (vindo do bairro boêmio de Vila Izabel), destaca-se o maior de todos: *Noel Rosa* ("*Feitiço da Vila*", "*Três Apitos*", "*Fita Amarela*", "*Conversa de Botequim*", "*Feitio de Oração*" e outros).

A partir dos anos '30, o *samba* adotou e/ou adaptou-se às mais variadas influências e estilos chegando a se dividir em subgêneros, como *samba de carnaval*, *samba de breque*, *samba de gafieira*, *samba de partido alto*, *samba-batucada*, *samba-canção* e até *sambolero*.

O CARNAVAL

Em paralelo, havia um tipo de música composta especialmente e somente para o carnaval, que tanto podia ser *samba*, como *marcha*, *marcha-rancho*, *marchinha*, *"paso-doble"* e outros. O primeiro baile de carnaval que se tem notícia no Brasil foi um baile de máscaras realizado no Hotel Itália no Rio, em 1840, promovido pela colônia italiana, empolgada pelos bailes de máscara de Veneza. As músicas que se tocaram naquele e em outros bailes foram: *polcas*, *quadrilhas*, *tango*, *valsa*, *charleston*, *cakewalk* e *maxixe*. Em 1909 começaram os desfiles de carros alegóricos nas ruas e os concursos de fantasia, de dança e de beleza feminina. Também já desde 1855 haviam surgido as primeiras sociedades carnavalescas, uma idéia do escritor *José de Alencar*.

Durante o final do Império, dominou a cena carnavalesca na Corte, a sociedade carnavalesca *União Veneziana*. Depois surgiram: *Euterpe Comercial*, *Zuavos Carnavalescos*, *Os Tenentes*, *Os Democráticos* e *Os Fenianos*. Essas sociedades foram, junto com os *cordões* e *ranchos*, a semente das atuais *Escolas de Samba*.

Na verdade, já em 1906, tinha sido gravado um *samba-batuque*, embora sem essa denominação. Trata-se de *"Nêgo Véio Quando Morre"* interpretado por *Eduardo Neves* sob o selo da *Casa Edison* nº 108840.

Em 1929 foi regravado por *Carmen Miranda* e *Josué de Barros* tornando-se então um sucesso.

Nas ruas o povo já cantava e dançava nos blocos chamados "Zé Pereiras", dançava também nos *cordões* e nos *ranchos* e desfilava de carro nos *corsos*, promovendo as famosas batalhas de confete e serpentinas.

A primeira música feita exclusivamente para o carnaval foi a marcha-rancho *"Ó Abre Alas"* de *Chiquinha Gonzaga*, composta em 1899. Durante anos, o carnaval foi ainda animado pela *polca*, *tango-chula*, *marcha-rancho*, *fado brasileiro*, *toada*, *marcha portuguesa*, *toada-sertaneja*, *valsa*, *maxixe*, *cateretê* e outros, mas aos poucos foi predominando a *marcha* e a *marchinha* (andamento mais acelerado).

A ERA DO RÁDIO

Foi uma época de grandes vozes e grandes interpretações, que suplantavam a importância do compositor, a ponto de *Ary Barroso*, revoltado, fundar a primeira sociedade de direitos autorais, para defender os direitos dos compositores. Essas músicas eram cantadas nas rádios, nas vozes potentes de alguns que se tornaram grandes ídolos da época: o primeiro e o mais idolatrado deles foi *Francisco Alves* (*Chico Alves* ou *Chico Viola*); *Orlando Silva* <O Cantor das Multidões> (*"Atire a Primeira Pedra"*); *Carlos Galhardo* <O Seresteiro>; *Sylvio Caldas* (*"Chão de Estrelas"*) <a imprensa os chamava de *"Os Quatro-Grandes"*>. Além deles, *Vicente Celestino* (cantor, ator e compositor) sobressaía-se fazendo cinema com sua esposa, *Gilda de Abreu* (atriz e diretora) e lançando preciosidades como *"O Ébrio"* e *"Porta Aberta"* entre outros. Entre as mulheres se destacaram: *Emilinha Borba*, *Marlene*, *Aracy de Almeida* (jurada do Programa Sílvio Santos), *Dalva de Oliveira* (*"Ave Maria no Morro"*, *"Bandeira Branca"*), as irmãs *Linda* e *Dircinha Batista* e *Araci Cortes*.

No violão se destacaram: *Garoto* e *Dilermando Reis*.

Na flauta, o grande *Pixinguinha* (maestro, compositor e instrumentista, comparável a *Louis Armstrong*).

Mas a grande estrela foi sem dúvida *Carmen Miranda*, uma portuguesa de nascimento, criada no Brasil, que, usando um turbante na cabeça com frutas tropicais, conquistou Hollywood e o mundo, mostrando as belezas do Brasil. Nessa época, ela incentivou a carreira de um baiano de nome *Dorival Caymmi* (*"Marina"*, *"Rosa Morena"*) que fez muito sucesso com a música, *"O Quê Que A Baiana Tem?"*, para um filme dela de 1939 *"Banana da Terra"*.

Os grandes arranjos na época eram feitos por *Radamés Gnattali*. Foi em 1933, que surgiu o primeiro *samba de breque*, *"Minha Palhoça"* de *J. Cascata*, que depois se tornaria a marca registrada do cantor *Moreira da Silva*.

ANOS 40

O *baião* na voz de *Luiz Gonzaga* e seu parceiro *Humberto Teixeira* conquistou o Brasil. Foi a primeira vez que um som vindo do nordeste se tornou moda no sul do país. Todas as pessoas queriam aprender a dançar esse novo ritmo e tocar *"Asa Branca"* no acordeon. O xote (*"Xote das Meninas"*) voltou com força nessa época, assim como o *côco*, o *xaxado* e o *maxixe*.

Os compositores: *Lamartine Babo* (*"No Rancho Fundo"*, *"Serra da Boa Esperança"*), *Ary Barroso* (*"Risque"*, *"Aquarela do Brasil"*, *"Camisa Amarela"*), *João de Barro* (*"Yes Nós Temos Banana"*, *"Touradas em Madri"*), *Ataulfo Alves* (*"Leva Meu Samba"*, *"Ai que Saudades da Amélia"*), <cuja letra é de *Mário Lago*, o ator, também parceiro em *"Atire a Primeira Pedra"*>, *Herivelto Martins* (*"Caminhemos"*), *Lupicínio Rodrigues* (*"Felicidade"*, *"Nervos de Aço"*, *"Se Acaso Você Chegasse"*, *"Vingança"*), *Assis Valente* (*"Boas Festas"*, *"Brasil-Pandeiro"*, *"Minha Embaixada Chegou"*).

ANOS 50

Antonio Carlos Jobim

Nessa época, o *samba-canção* e a *música romântica de fossa* eram entoados nas vozes de *Angela Maria*, *Ivon Cury*, *Cauby Peixoto*, *Elizeth Cardoso*, *Maysa* e *Dolores Duran* (também compositora), *Nora Ney*, *Dóris Monteiro*, *Sílvia Teles*, *Dick Farney*, *Tito Mahdi* e *Nelson Gonçalves*.

Antônio Maria, *Fernando Lobo*, *Zé Kéti* e *Evaldo Assunção* foram os compositores que dominaram o cenário nessa época.

Fazia bastante sucesso em São Paulo, o compositor com linguajar caipira e italianado *Adoniran Barbosa* ("*Saudosa Maloca*"); a cantora *Elza Soares*, esposa de *Garrincha* e músicos instrumentistas como *Sivuca* e *Hermeto Pascoal* no acordeon, *Altamiro Carrilho* na flauta e *Valdir Azevedo* ("*Brasileirinho*") no cavaquinho e, principalmente, *Baden Powell* no violão.

Em 1957, *Vinícius de Moraes* e o maestro *Antônio Carlos Jobim* compuseram o samba-canção "*Se Todos Fossem Iguais a Você*" para a peça de *Vinícius*, "*Orfeu da Conceição*". Transformada no filme "*Orfeu Negro*", pelo francês *Marcel Camus*, a peça ganhou outra composição de *Vinícius* e *Tom*: "*A Felicidade*".

No final da década, havia chegado a hora da grande revolução musical do Brasil: a *bossa nova*. Inicialmente apenas uma nova maneira de se tocar o *samba* ao violão, introduzida por *João Gilberto* na interpretação de "*Chega de Saudade*", outra composição de *Vinícius* e *Tom*, o termo passou a designar um novo gênero que conquistou o mundo. Desenvolvido por jovens de classe média urbana do Rio, com formação musical erudita, que se encontravam no apartamento de *Nara Leão* <a musa da Bossa Nova> em Ipanema. O movimento revela preocupações mais formais com novos caminhos harmônicos, com ritmo mais suave e menos sincopado do que o *samba*. Lembrava muito e teve grande influência do *jazz americano* e rapidamente conquistou todos os *jazzistas* do mundo por essa similaridade. Grandes expoentes foram, além de *Vinícius*, *Tom* e *João Gilberto*, *Luís Bonfá*, *Ronaldo Bôscoli*, *Roberto Menescal*, *Carlos Lyra*, *Billy Blanco*; e mais no final do movimento, *Toquinho*, *Marcos* e *Paulo Sérgio Valle* entre muitos outros.

Vinícius de Moraes

ANOS 60

Caetano Veloso

Seguindo a tendência mundial dos *The Beatles* com o *rock 'n' roll* simples e jovem, chegou a *Jovem Guarda* com o seu grande líder *Roberto Carlos*, seu amigo inseparável *Erasmo Carlos*, a musa *Wanderléia*, o pequeno príncipe *Ronnie Von*, o belo *Wanderley Cardoso* e ainda *Jerry Adriani*, *The Fevers*, *Renato e seus Blue Caps*, *Trio Ternura*, *Trio Esperança* e *Martinha*. Nessa época predominaram as versões de músicas estrangeiras ou mesmo músicos brasileiros que usavam nomes inventados americanos e cantavam em inglês para sobreviver e atenderem os interesses das gravadoras estrangeiras, como *Morris Albert* ("*Feelings*"); *Mark Davis* era o *Fábio Júnior*; *Michael Sullivan* (depois se juntou com *Massadas*); *Christian* ("*I Don't Say Goodbye*") (depois se juntou com seu irmão *Ralf*).

Como reação à desnacionalização musical da *Jovem Guarda*, da Bahia vieram os que comandaram o movimento do *Tropicalismo*: *Caetano Veloso* ("*Alegria Alegria*", "*Baby*"), *Gilberto Gil* ("*Procissão*," *Domingo no Parque*"), *Tom Zé*, *Jorge Benjor*, ("*Cadê Tereza*", "*Zazueira*"), *Maria Bethânia*, *Gal Costa* e *Os Novos Baianos* com *Baby Consuelo*, *Pepeu Gomes* e *Moraes Moreira* foram os intérpretes desse movimento.

Grandes músicos participaram e foram descobertos nos Grandes Festivais da TV Record em São Paulo e no Festival Internacional da Canção no Rio. Nessa época consolidou-se o termo *MPB* (Música Popular Brasileira). Coincidindo com a ditadura militar no Brasil, algumas músicas se tornaram hinos de resistência como: "*Prá Não Dizer Que Não Falei de Flores*" de *Geraldo Vandré* e "*Apesar de Você*", "*Construção*" e "*Chame o Ladrão*" de *Chico Buarque*, que para escapar da censura assinou muitas de suas composições com o pseudônimo *Julinho de Adelaide*. Com os meios de comunicação se expandindo, foi possível o aparecimento de grandes nomes famosos até hoje no Brasil. São eles: *Elis Regina* ("*Águas de Março*"), *Jair Rodrigues* ("*Disparada*") <faziam juntos o programa da TV Record "*O Fino da Bossa*">, *Beth Carvalho* ("*Andança*","*As Rosas Não Falam*"), *Paulinho da Viola* ("*Foi Um Rio Que Passou em Minha Vida*").

Gilberto Gil

No carnaval, haviam desaparecido os *ranchos*, *corsos* e *cordões*. Os blocos resistiram, mas o fenômeno das *Escolas de Samba* tomou conta do carnaval tipo exportação, com imenso apoio da mídia e dos bicheiros cariocas. Surgiu então um gênero específico: o *samba-enredo*.

ANOS 70

Em Minas Gerais surge o *Clube da Esquina* com *Milton Nascimento* e *Fernando Brant* (*"Travessia", "Fé Cega Faca Amolada"*), *Beto Guedes, Lô Borges, Toninho Horta, Tavinho Moura* e *Tavito* (*"Rua Ramalhete"*); no Rio de Janeiro surgiam *Martinho da Vila, Tim Maia, Jorge Benjor* <na época apenas *Jorge Ben*> (*"País Tropical"*), *Luís Melodia* (*"Pérola Negra"*), *Ivan Lins* (*"Madalena"*); do Nordeste vieram *Elba Ramalho, Alceu Valença, Zé Ramalho, Fagner* e *Gonzaguinha*, filho de Luiz Gonzaga (O Rei do Baião *"O Lua"*).

Foi a época dos bons grupos musicais como *Os Mutantes* <com *Rita Lee* como compositora e vocalista> (*"Balada do Louco"*), *Secos e Molhados* <*Ney Matogrosso* como vocalista> (*"O Vira"*), *A Cor do Som*, *Roupa Nova* (*"Sapato Velho"*), *14 Bis* (*"Espanhola"*). Nessa época desponta também um grande alternativo: *Raul Seixas* e seu parceiro *Paulo Coelho*.

Djavan

Junto com os programas de auditório do *Chacrinha, Raul Gil, Sílvio Santos*, surgiram os *cantores populares* ou *bregas* como eram tachados: *Sydney Magal* (*"Sandra Rosa Madalena"*), *Waldick Soriano* (*"Eu Não Sou Cachorro Não"*), *Jane e Herondí* (*"Não Se Vá"*), *Gilliard* (*"Aquela Nuvem Que Passa"*), *Gretchen* <a Rainha do Bumbum>, *Marcelo* e outros.

Mais tarde a *MPB* cresceu com bons destaques para *Djavan* (*"Meu Bem Querer"*), *Oswaldo Montenegro* (*"Bandolins"*) e seus musicais, *Eduardo Dusek* (*"Nostradamus"*), *Guilherme Arantes* (*"Meu Mundo e Nada Mais"*), *João Bosco* e *Aldir Blanc* (*"O Bêbado e o Equilibrista"*) e *Belchior* (*"Apenas Um Rapaz Latino-Americano"*).

ANOS 80

O padrão guitarra, baixo e bateria começa a se impor e surge o famoso *brock* (rock brasileiro): *Paralamas do Sucesso, Ultraje a Rigor, Léo Jaime, Legião Urbana, Barão Vermelho, Titãs, Kid Abelha, Capital Inicial, Plebe Rude* (*"Até Quando Esperar"*), *Lobão, Blitz* (*"Você Não Soube Me Amar"*), *Biquini Cavadão, Engenheiros do Havaí, Lulu Santos* e *Ritchie*.

O interior do país começou a ter dinheiro para também consumir discos e passou a comprar o *sertanejo* como *Chitãozinho e Chororó, Leandro e Leonardo, Zezé di Camargo e Luciano, Pena Branca e Xavantinho, Milionário e Zé Rico* e *Cristian e Ralf*.

Legião Urbana

A Bahia mudou a cara dos carnavais, primeiro com a *lambada* e depois com a *axé music* de *Luís Caldas, Daniela Mercury* e *Chiclete Com Banana*, e fez o *Trio Elétrico* ficar conhecido no resto do Brasil, pois já tinha sido inventado há mais de 30 anos por *Dodô e Osmar*.

Leandro & Leonardo

ANOS 90

Essa época foi marcada pela pulverização e fusão de estilos, fazendo com que tudo fosse generalizado como *música popular* produzida no Brasil.

O grande destaque da década pode ser dado pelos grupos de *pagode* que tomaram conta até da classe mais alta, fazendo o Brasil voltar às origens da sua própria música: o *samba*.

O resto da *História da Música Popular Brasileira* ainda está por ser contada e você pode vir a fazer parte dela...

A História do Rock

Para entender as *raízes do rock* temos que voltar no início do século nos EUA e lembrar das enormes diferenças raciais que existiam naquela época. Brancos ouviam *música romântica, adocicada, assexuada, fútil* e *asséptica*.

Os negros vivendo no subemprego, marginalizados, também cantavam o amor só que com letras picantes e sensuais, cruas como a vida que levavam; eles ouviam o *blues*.

O *rock* foi exatamente o encontro destes dois estilos.

O *blues* foi uma adaptação das *worksongs* dos campos de algodão quando os negros cantavam juntos para aliviar o sofrimento do rotineiro dia de trabalho escravo e do *canto gospel* das igrejas anglicanas.

As músicas eram essencialmente cantadas em grupo. Com a abolição da escravatura o canto do negro tornou-se individual, o negro americano músico levava uma vida itinerante vagando pelas esquinas, feiras e *"Medicine Shows"* (caravanas circenses e musicais).

O *bluesman* não tinha nenhuma instrução teórica ou técnica e tocava de ouvido com muita alma. No começo a voz e o violão não eram ao mesmo tempo: havia uma chamada vocal e em seguida uma resposta do violão ou gaita.

Mais tarde o estilo foi aperfeiçoado pelos famosos pioneiros vindos do Texas e do delta do Mississipi, respectivamente: *Blind* (cego) *Lemon Jefferson* (1897-1930) e *Robert Johnson* (1911-1938).

O *rhythm 'n' blues* surgiu por volta da década de '40. O *blues* triste se eletrificou e acelerou a sua batida seguindo o ritmo de vida das grandes cidades que começavam a surgir.

Destacam-se: *T-Bone Walker* (1910-1975), *Howlin' Wolf, Muddy Waters, John Lee Hooker* (esteve no Brasil para o *Free Jazz Festival*), *Buddy Guy* e *Otis Rush*.

Mas o grande rei foi sem dúvida *B.B.King*.

Nessa mesma época o *jazz* começou a surgir entre músicos que não se sentiam satisfeitos de repetirem a mesma música sempre igual.

B B King

Dessa insatisfação surgiu a alma do jazz: o *improviso*. Diz a lenda que após os grandes concertos, quando o público já havia deixado o local, os músicos afrouxavam a gravata e tocavam por prazer. Era o *"Jazz After Midnight"*.

Mais tarde ficou conhecido como a *Jam Session* (jam = geléia ou mistura). Grandes nomes se destacam: *Ella Fitzgerald, Billy Holliday, Sarah Vaughan, Charlie Parker, Louis Armstrong, Stan Getz, Wes Montgomery* e *Django Reinhard*.

O termo *rock 'n' roll* saiu da cabeça de um locutor de rádio de Cleveland (Ohio) chamado *Alan Freed* que usava o pseudônimo de *Moondog*. Ele convenceu o dono da rádio a produzir um programa após o horário de música clássica onde iria tocar novos sons para a juventude. O programa se chamava *"Moondog's Rock 'n' Roll Party"* (A Festa de Rock 'n' Roll do Moondog). A expressão *rock 'n' roll* foi tirada de um antigo *blues*.

Pode-se dizer que o *rock* nasceu em 1955, a mesma data do lançamento do filme: *"Blackboard Jungle"* ("Sementes da Violência"). O tema de abertura do filme era a música *"Rock Around The Clock"* de *Bill Halley e seus Cometas*. As grandes gravadoras da época sentiam a necessidade de colocar no mercado um branco que cantasse com alma de negro já que a segregação era enorme; os *Race Records* (discos de negros) não eram vendidos em boas lojas e nem vistos com bons olhos, mas ninguém negava a qualidade das músicas.

Elvis Presley foi o fim dessa procura.

Só depois de *Elvis* nos anos '50, é que a sociedade americana começou a ter de aceitar o *rock 'n' roll*, mesmo se feito por negros. *Little Richard* cantou *"Tutti-Frutti"* e *Chuck Berry "Johnny B.Good"* enlouquecendo multidões. Depois apareceram *Jerry Lee Lewis*, um branco ao piano; *Ritchie Valens* (*"La Bamba"*); *Buddy Holly* (parecia um estudante de óculos empunhando uma Fender). Sua banda se chamava *The Crickets* (Os Grilos). Mais tarde foi inspiração para o nome *Beatles* (Besouros); *Eddie Cochrane* (*"C'mon Everybody"*). Já começava uma nova vertente chamada *rockabilly*. Era o *rock-country* com sotaque caipira do sul dos Estados Unidos. Para se dançar era preciso ter grande habilidade pois se jogava a parceira para o ar como uma boneca.

Nos anos '60, com a grande evolução dos meios de comunicação, o *rock* atravessou o Atlântico e chegou a Liverpool, cidade natal de *John Lennon, Paul McCartney, George Harrison* e *Ringo Starr*. *The Beatles* foi o primeiro conjunto musical a realmente ganhar muito dinheiro com música, eles revolucionaram toda a indústria da música; desde estúdios de gravação até equipamentos para grandes shows inexistentes até então. A partir deste momento tocar guitarra e ter um conjunto passou a ser sonho da maioria dos adolescentes que vislumbravam um futuro de fama, sucesso e fortuna; uma profissão anteriormente marginalizada.

Elvis Presley

As *bandas* que surgiram na Inglaterra foram: *The Rolling Stones, The Who, The Yardbirds* (banda com *Jeff Beck, Rod Steward, Jimmy Page* e *Eric Clapton*), *The Cream* (*Eric Clapton* novamente) e ainda *Pink Floyd* que só concretizaria o sucesso nos anos '70. Nos Estados Unidos no final dos anos '60 apareciam os negros da gravadora *Motown*: *Marvin Gaye, Steve Wonder, The Supremes* com *Diana Ross* e mais tarde, *Jackson Five* com o pequeno *Michael* nos vocais. *The Doors* foi a grande ausência no festival que marcou o fim da década: *Woodstock 1969*; dentre as revelações deste evento realizado numa fazenda nos arredores de New York, está *Alvin Lee* com a banda *Ten Years After* (já estiveram no Brasil). Três artistas se tornaram os ícones da época: *Bob Dylan, Janis Joplin* e o maior guitarrista de todos os tempos, *Jimmy Hendrix* (lembre-se que este título é como dizer: *"Pelé é o maior jogador de futebol de todos os tempos"*... talvez hoje em dia possa haver melhores guitarristas do que foi Hendrix...).

The Beatles

Nos anos '70 o *rock* voltou para a Inglaterra: *Led Zeppellin, Deep Purple, Black Sabath* <os pais do *Heavy Metal*>; *Genesis, Yes, Jethro Tull, Marillion, Queen, Supertramp* (*os progressivos* <músicas enormes e bem orquestradas>); lançamento do disco de *rock* mais vendido do mundo: "*The Dark Side of The Moon*" *Pink Floyd*; *Sex Pistol (Sid Vicious), Ramones* e *The Clash (O Punk-Rock)*. Nessa época o mundo conheceu o *reggae* vindo da Jamaica através de *Bob Marley*.

Nos anos '80 a indústria da música voltou a olhar para o resto do mundo: *Bon Jovi, Guns 'n' Roses, Mettallica, Aerosmith, Van Halen* e *Kiss* (dos EUA); *The Police, Iron Maiden, Duran Duran, The Cure, Dire Straits* (Inglaterra), *U2* (Irlanda), *AC/DC* e *INXS* (Austrália), *A-HÁ* (Noruega) e *Rush* (Canadá).

Dire Straits

AC/DC

Nos anos '90 o grande movimento *grunge* revolucionou o mundo com o álbum *Nevermind* do *Nirvana* em 1992.

O resto da História do Rock ainda está para ser contada...

A História do Jazz

Tudo começou em *New Orleans* com o que se pode chamar de *Gumbo*, em 1890. Uma mistura rítmica das bandas populares com ópera italiana e ritmos caribenhos. Em 1917 surgiu a *Original Dixieland Jazz Band*. É a época daquelas maquiagens que faziam todos ficarem negros bem estilizados.

A partir de 1917 as cidades de *Chicago* e *Nova York* começam a desenvolver o novo estilo e surgem dois grandes expoentes: *Louis Armstrong* (o maior de todos no jazz) e *Billy Holiday* (cantora).

Grandes orquestras invadem todos os salões do país como as de *Duke Ellington*, *Bessie Smith* e *Bix Beiderbecke*, por volta de 1924.

Na época da Grande Depressão (1929) o jazz chega com o estilo do swing para animar o povo. *Benny Goodman* se tornou o Rei Branco do Swing.

Em 1937, o saxofone se torna o instrumento tenor mais importante no jazz e era muito bem representado através de *Coleman Hawkins* e *Lester Young*.

Dizzie Gillespie, *Charlie Parker* e *John Coltrane* trazem o virtuosismo ao limite máximo e formam seguidores até nas bandas militares que encorajam os militares na 2ª Guerra Mundial.

O jazz passa a ser sinônimo de cultura americana no mundo e é hostilizado pelos nazistas. Aparece o *Bebop* com *Charlie "Bird" Parker* sendo o seu maior expoente e o preconceito racial começa a atrapalhar a carreira dos jazzistas.

Em 1950, a prosperidade do pós-guerra cria grandes novos talentos como *Sarah Vaughan* e *Miles Davis*. Mas também nasce o rock 'n' roll com *Elvis Presley* que tira o público jovem dos concertos de jazz, obrigando alguns músicos a se mudarem para a Europa onde o gênero ainda é muito ouvido, dentre eles *Dexter Gordon*.

O novo jazz se renovou com aparecimento de novos talentos como os irmãos *Marsalis* (*Winton* e *Branford*) na década de '80.

Fonte:
Documentário de Ken Burns
da GNT

Biografias
História de grandes guitarristas que influenciaram o mundo

JIMMY PAGE

Jimmy Page é reconhecido, dentro dos seus já 30 anos de carreira, como um dos maiores heróis da guitarra. Um dos primeiros guitarristas de *rock 'n' roll* de estúdio, no começo dos anos '60. *Page* foi o guitarrista formador do *Led Zeppelin*, indubitavelmente a primeira e definitiva banda de *heavy metal* de todos os tempos.

Ele é mais conhecido por suas idéias rítmicas e novidades nas gravações em estúdio do que por sua técnica e velocidade. Com algumas exceções como o solo de *"Stairway to Heaven"* que é relativamente rápido, *Page* normalmente não é associado a grandes solos de improviso como muitos guitarristas da sua geração o foram (*Tony Iommi, Richie Blackmore, Angus Young* e outros). Em vez disto, suas composições e gravações com várias guitarras superpostas fazem com que ele seja lembrado como um dos pioneiros nestas técnicas.

A primeira notícia que se tem de *Jimmy* foi sendo guitarrista de estúdio para *Big Jim Sullivan*, no começo dos anos '60, em Londres. *Page* gravou com centenas de artistas naquele tempo, o que resultou em sua grande versatilidade, que posteriormente poderá ser ouvida claramente, nos discos do *Led* (miscelâneas acústicas com vários instrumentos).

As influências de *Page* foram *Scotty Moore, Cliff Gallup* e *James Burton*. Essas influências foram transmitidas nas técnicas de estilo *country*. A sua principal guitarra era uma *Fender Telecaster* na qual ele usava a corda *Si(2) sustenizada*, mas ele também tinha uma *Gibson Les Paul Custon* de 1958 e usava um pequeno amplificador *Fender* ou *Burns*.

Sua primeira banda foi a legendária *Yardbirds* onde ele dividia a guitarra solo com ninguém menos que *Eric Clapton* e *Jeff Beck*. Seu tocar se tornou mais *blues* com influências de *Chuck Berry* e *Bo Diddley*.

Depois de sair dos *Yardbirds* ele formou o *Led* e o resto é história... Após o primeiro encontro com os amplificadores *Marshall* durante as gravações de *John Mayall* e *Eric Clapton*, ele nunca mais se separou deles.

Passou a usar também uma guitarra *Dan-Electro* para sons usando *Slide*. Dentre os efeitos de *Page* estão o *Maestro Echoplex* (*pedal delay*) e um arco de violino usados na sua *Gibson* de dois braços que aparece no vídeo *"Songs Remain The Same"* dentre os vários instrumentos de corda destaca-se a *balalaika*, popular instrumento russo.

Seus solos sempre recaíam na *Escala Pentatônica* e na de *Blues,* mas foram as suas bases rítmicas que o fizeram famoso. Outra grande curiosidade foi o ótimo som de bateria com *delay* e *phaser* que ele inventou para as gravações da bateria do *Jonh Bonham* no *Led*; estas foram definitivamente muito à frente do seu tempo.

RITCHIE BLACKMORE

Blackmore sempre teve um estilo eclético, uma mistura de *blues, rock, jazz* e *barroco* (*J.Sebastian Bach*). Aos treze anos ele ouvia os guitarristas americanos tocadores de *slide* (*pedal steel*) e *Jimmy Bryant* (músico country); entretanto, o *Deep Purple* foi fundado com a intenção de criar uma mistura entre *Hendrix* e *Vanilla Fudge*. O quarto álbum do grupo *"In Rock"* é tido por muitos como o nascimento do *heavy metal*.

O próximo álbum *"Machine Head"* conteve a original *"Smoke On The Water"* que indiscutivelmente possuía o mais famoso *"riff"* de guitarra de todos os tempos. Não havia nenhuma dúvida de que o *Deep Purple* se tornara um dos gigantes do mundo do *rock* e entraria para a história como um dos cinco mais vendidos álbuns de *rock* com o sucesso *"Black Night"*. Dez anos mais tarde *Blackmore* se separou do grupo e acumulou mais alguns hits com a sua nova banda *Rainbow* (*"Catch The Rainbow","All Night Long","Since You've Been Gone"*). Ele sempre foi sinônimo de uma parede de amplificadores *Marshall* e uma *Fender Stratocaster* creme. Sua marca registrada inclui cordas soltas usadas como *pedal tone*, linhas melódicas com *staccato* e ocasionais usos de *slide*. No começo ele não utilizava nenhum *vibrato* mas mudou de idéia após conhecer *Eric Clapton*; no entanto levou três anos para desenvolver essa técnica. Também passou a usar mais a *alavanca de trêmolo* com o passar do tempo.

Sua escala favorita é a *Dória/Híbrida de Blues* que é derivada da combinação das duas escalas:

Dória: 1, 2, ♭3, 4, 5, 6, ♭7
Blues: 1, ♭3, 4, ♭5 (blue note), 5, ♭7
Híbrida: 1, 2, ♭3, 4, ♭5, 5, 6, ♭7

Outra favorita sua é a chamada "*Snake Charmer*" (Encantador de Serpente) que nada mais é do que a *Escala Menor Harmônica com a quarta aumentada:*

"Encantador de Serpente": 1, 2, ♭3, ♯4, 5, ♭6, 7

O amor de *Blackmore* pela música clássica tem se desenvolvido pelos anos. Entre 1975 e 1978 seu crescente desencantamento pela guitarra fizeram com que ele pudesse se concentrar mais no seu violoncelo. Ele foi o pioneiro no movimento *neoclássico*, dentro do *heavy metal* que hoje pode ser visto claramente no guitarrista *Yngwie Malmsteen*.

Recentemente o *Deep Purple* fez o show e o vídeo de 25 anos de banda, nele se tem a chance de checar *Ritchie Blackmore* no palco, um dos mais influentes e inovadores instrumentistas do rock.

Sugestão para ouvir: "*In Rock*", "*Machine Head*", "*Made in Japan*", "*Made in Europe*" e "*Catch The Rainbow*".

CARLOS SANTANA

Nasceu em Tijuana no México em 20 de Julho de 1947. Quando criança estudou trompete e violino e só na adolescência começou a tocar guitarra. Em 1962 a família mudou-se para San Francisco (EUA) onde entrou em contato com a geração *Flower Power* e passou a fazer parte dela.

Falando friamente, a carreira de *Carlos Santana* pode ser mapeada em três diferentes fases.

O período clássico, para muitos, foi o primeiro. Discos *Santana* (platina), *Abraxas* e *Santana*. Neste, ele, dividindo as luzes da guitarra principal com um talentoso jovem chamado *Neil Shon* (na época com 16 anos e que mais tarde ingressou no grupo *Journey* para um gigantesco sucesso), fez um grande impacto no histórico *Festival de Woodstock* em 1969 tocando a música "*Soul Sacrifice*". *Santana* combinou as influências do seu passado espanhol, mexicano e índio com o seu amor a *B.B.King* e *Peter Green*, para produzir uma vibrante mistura da pesada percussão latina (mais de quatro percussionistas no palco ao mesmo tempo), o órgão *Hammond* e uma guitarra *Blues/Rock*. Hits daquele tempo incluem "*Oye Como Vá*" sucesso mexicano de *Tito Puente*, o instrumental "*Samba Pa Ti*" e a música do grupo *Fleetwood Mac* "*Black Magic Woman*".

O segundo período foi mais indulgente e não parecia muito concentrado. Sua abordagem tornou-se mais fusionada e sua colaboração com *John McLaughlin* (disco "*Love*","*Devotion and Surrender*") junto com a descoberta do Budismo e outras seitas orientais (*Sri Chinnoy*) fez com que ele saísse da sua natureza musical e consequentemente perdesse muitos seguidores. Desde então, num esforço de buscar sua popularidade perdida, ele perseguiu o "*Top 40 de Sucessos*" com mais orientação vocal. Nos anos '70 seu som foi sofrendo modificações ora tendendo para o *jazz-fusion* ora para o *pop-rock*.

Embora no começo associado com a *Gibson Les Paul SG*, usou também *Fender Stratocaster* com amplificadores *Marshall* no álbum "*Shangó*"; mais tarde com a guitarra *Yamaha SG2000* ele agora escolhia a *Paul Reed Smith* (*PRS*) a qual ele denominou seu instrumento tenor. Musicalmente a principal preocupação de *Santana* era a pureza e autenticidade. E assim ele não usava nenhum efeito realmente. Em vez disto ele plugava direto no seu velho amplificador *Mesa Boogie* (*Mark I* e *Mark IV*) e tradicionalmente marcava o ponto no palco, para cada noite, onde ele achava que o som da sua guitarra não ficaria adulterado e soaria o melhor possível. Seus pedais são o *Ibanez Modulation Delay* e *Wah-Wah Mutron*.

Carlos Santana

Sua escala escolhida é predominantemente a *Dória*, entrecortada por vezes pela *Blues/Pentatônica*. Ele também usa a *Escala Cromática* nas notas de passagem e de vez em quando a *Menor Harmônica* para um *swing* mais latino. Seus solos usam o processo de composição por repetição e desenvolvimento de figuras e temas sem perder o momento ou o formato do solo.

Ele também ocasionalmente sustenta uma nota, <algumas vezes por longos 16 compassos> sem adicionar nenhum *vibrato*, que é normalmente usado como *deixa* para os percussionistas improvisarem.

Alguns dizem que ele fazia isso como os trompetes *Mariachi* da sua terra natal, México.

Ele assegurou um enorme respeito entre os melhores músicos do mundo e tem trabalhado com alguns artistas como *Wayne Shorter*, *Joe Zawinul*, *Herbie Hancock* e *Milton Nascimento*.

A terceira fase pode ser percebida com lançamento do CD "*Supernatural*" e o sucesso da música "*Smooth*" sendo a mais tocada e vista nas MTVs de todo mundo.

Assim *Carlos Santana* voltou a ser lembrado como um dos *maiores guitarristas de todos os tempos* !!!

JEFF BECK

No meio dos anos '70, *Beck* produziu dois álbuns clássicos de guitarra fundindo *rock* com *jazz*: *"Blow by Blow"* e *"Wired"*, estes marcaram *Beck* como um dos pioneiros do estilo *fusion* e influenciou uma nova geração de guitarristas na área do *jazz rock/fusion*.

Mais recentemente temos visto *Jeff Beck* na companhia do tecladista *Tony Hymas* e *Terry Bozzio* e desta vez misturando *rock* com sintetizadores *high-tech* e *sons sampleados*.

Jeff Beck cresceu em Surrey, Inglaterra, e é contemporâneo de *Eric Clapton* e *Jimmy Page*; na verdade os três têm mais ou menos a mesma idade. Depois de tocar na sua própria banda *The Tridents*, ele entrou para substituir *Clapton* nos *Yardbirds*. Sua influência nesta época era mais de *rockabilly* do que de *blues*, *Elvis Presley* e *Gene Vincent* em particular.

Depois dos *Yardbirds*, *Beck* gravou alguns álbuns sob seu próprio nome com a sua banda incluindo *"Truth"* com *Rod Stewart* nos vocais. Ele também produziu o clássico *"Hi Ho Silver Lining"* durante esse período.

Logo após veio o *Power Trio* com o baterista *Carmine Appice* e o ex *Vanilla Fudge*, o baixista *Tim Bogert*.

Estes tiveram vida curta, fonograficamente falando, produziram apenas um álbum com *"Superstition"* uma ótima música de *Steve Wonder*, e duas tournês pela Europa.

Neste estágio, *Beck* estava se tornando grandemente influenciado pelo movimento do *jazz-rock* e em particular por *John McLaughin*. Em 1975 *"Blow by Blow"* foi lançado, produzido por *George Martin* (o mesmo de *The Beatles*) com *Max Middleton* nos teclados e *Phil Chen* no baixo e *Richard Bailey* na bateria e *"Wired"* produzido em 1976 também por *George Martin*, colocaram o nome de *Beck* no mapa dos guitarristas aclamados pela crítica especializada em *jazz*.

Respeitado no *rock-jazz*, *Beck* entrou nos anos 80 lançando *"There and Back"* com *Tony Hymas*, *Mo Foster* e *Simon Philips* nos teclados, baixo e bateria respectivamente, mais tarde ele agrupou-se com seu velho colega *Rod Steward* e deu-nos o álbum *Flash* em '85. Seu mais recente álbum *Guitar Shop* veio com *Tony Hymas* de novo e o ex *Frank Zappa* e *Brecker Brothers*, o baterista *Terry Bozzio*, produzindo excitante fusão de *rock* com sons *high-tech*.

Sua dinâmica, atenção pela textura e tonalidade das notas, têm feito dele um dos maiores expoentes do mundo da guitarra elétrica. Músico intuitivo em vez de um músico estudado.

Jeff Beck é uma lição em melodias livres e novos caminhos para a guitarra até hoje.

Jeff Beck

Regras Básicas do Bom Estudante de Música:

Requisitos
1. Vontade (autoavaliação com notas de 1 a 10): ....
2. Paciência   >> >>   ....
3. Disciplina   >> >>   ....

Lemas
1. "A repetição leva à perfeição"
2. "Na tensão está o aprendizado" (toque em público)
3. "15 minutos de estudo equivalem a uma semana tocando"

Evite pensar
1. Eu não consigo...
2. Eu não tenho dom, talento ou jeito...
3. É difícil...

Diga sempre
1. Eu vou treinar mais para conseguir !
2. Eu sou paciente, com o tempo eu vou desenvolver cada vez mais !!
3. Em breve, treinando todos os dias, será muito fácil !!!

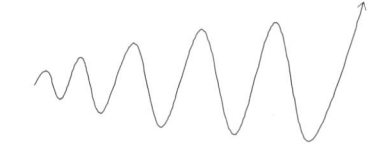

Lembre-se:
O aprendizado é sempre cíclico, alternando momentos de entusiasmo e euforia onde o aluno sente o desenvolvimento e a melhora e, momentos de apatia onde ele acha que está estagnado e não consegue progredir. Mas este é exatamente o fundo da elipse de onde ele vai começar a subir novamente !

Preste atenção como cada subida é sempre mais alta. A amplitude do alto até embaixo demonstra toda esta sabedoria e consciência musical adquirida através do tempo de estudo !!

Sumário

3   A Palavra do Autor

1ª PARTE
Teoria

7   Relógio Musical
8   As Mãos
9   Notação Musical
    Notas das Cordas Escritas na Pauta
10 As Três Primeiras Casas
    Alterações
11 Como Afinar
    Série Harmônica
12 Afinação por Harmônicos
13 Claves
14 Colocar Nomes nas Notas
15 Figuras ou Valores
16 Compasso
    Andamento - Compasso - Ritmo
17 Partes de uma Música
18 Os Intervalos
19 Intervalos
    Inversões
20 Desenho dos Intervalos
21 Harmonia
    Tipo de Acordes
    Tétrades *(acordes com 4 notas)*
22 Exercício de Formação de Acordes
    Intervalos nos Acordes
23 Diminutos e Meio Diminutos
24 Campo Harmônico
    Função Tonal
25 II Cadencial *(IIm - V7 - I)*
26 Ligaduras de Expressão

2ª PARTE
Acordes

31 Acordes
32 Desenho dos Acordes
34 Tríades Possíveis
    Tríades nas Primas
35 Power Chord
36 Desenho das Inversões
37 Arpejo de Tríade
    Arpejos com *String Skipping*
38 Arpejos de Tétrade
39 Possibilidades de Acordes com 7ª e 9ª
40 Acordes de Sétima da Dominante
41 Acordes Suspensos e Aumentados
42 Sensações Filosóficas dos Acordes
    Erros de Nomenclatura do acorde com Nona - *X9*
43 Acordes com 7ª, 9ª, 11ª e 13ª
44 II Cadencial (sequências mais comuns)

3ª PARTE
Escalas

47 Escalas
49 Desenhos das Escalas Maiores e Pentatônicas
50 Treinamento
51 Visão Horizontal dos Modos
52 Visão Horizontal da Pentatônica
53 Modos Gregos ou Litúrgicos
55 Utilização dos Modos nas Tonalidades
56 Desenho dos Modos Gregos ou Litúrgicos
57 Harmonia Modal
    Escalas Relativas
58 Desenhos das Escalas Menores
59 Escala Diminuta
    Arpejo Diminuto
60 Um Conselho
    Alongamento

4ª PARTE
Exercícios

62 "Download" dos Exercícios
63 44 Exercícios *(veja página ao lado)*

5ª PARTE
História da Música

103 História das Notas Musicais
104 História do Violão
105 Partes do Violão
106 História da Guitarra
107 Pedais de Efeito
108 Partes da Guitarra
109 Tipos de Guitarras
110 A História da Música
111 A História da Música Brasileira
    do Brasil Colônia até os dias de hoje
114 A História do Rock
117 A História do Jazz
118 Biografias
    Jimmy Page - Ritchie Blackmore
    Carlos Santana - Jeff Beck

ENCERRAMENTO

121 Regras Básicas do
    Bom Estudante de Música

Exercícios

63 Exercício do Aranha
Alterar as Cordas
64 Equilíbrio do Polegar (1ª Corda)
Equilíbrio do Polegar (todas as Cordas)
65 Equilíbrio do Polegar (saltando as Cordas)
66 Pares de Dedos Ascendentes
67 Pares de Dedos Descendentes
68 Pares de Dedos Martelando
69 Pares de Dedos Ligados (Trilha 1)
70 Marteladas na Mesma Corda
71 Marteladas em Todas as Cordas
72 Escala Cromática
73 Escala Cromática Mudando a Ordem dos Dedos
76 Escala Cromática com Acento Métrico
77 Escala Cromática Abafada
78 Escala Cromática com Acento Métrico (Tempo 1)
79 Escala Cromática com Acento Métrico (Tempo 2)
80 Escala Cromática com Acento Métrico (Tempo 3)
81 Escala Cromática Abafada com Acento Métrico (Tempo 4)
82 Escala Cromática com Acento Métrico Flutuante
83 Escala Cromática em Grau Conjunto
84 Escala Cromática Fazendo uma Colcheia com o Dedo 4
85 Escala Cromática Fazendo uma Colcheia com o Dedo 3
86 Escala Cromática Fazendo uma Colcheia com o Dedo 2
87 Escala Cromática Fazendo uma Colcheia com o Dedo 1
88 Tapping
90 Exercício para Abrir os Dedos
Trítono em X
91 Trítono em X com Sweep Picking
Trítono em X com Sweep Picking no Braço Todo
92 Escala Maior em Grau Conjunto de 3 em 3
93 Escala Maior em Grau Conjunto de 4 em 4 (Modo Jônico)
94 Escala Maior em Grau Conjunto Alternado
Escala Maior em Grau Conjunto de 3 em 3
95 Escala Maior em Grau Conjunto de 4 em 4
Escala Pentatônica em Grau Conjunto Alternado
96 Pentatônica na Ordem Inversa de Cada Corda
Pentatônica com String Skipping
Pentatônica com Slides e Vibratos
97 Hammer-On na Horizontal
Hammer-On nas Primas
98 Hammer-On nos Bordões
Saltos Com o Mesmo Dedo
99 Treinamento da Escala Maior e Pentatônica de Blues

Editor
Sergio Quaino

Colaboradores
Prof. Armando Mafra
Profª. Ana Luiza Ly
Prof. Vitor Monteiro
Prof. Pablo Leite
Prof. Guilherme Bahia
Prof. Gilberto Devita

Pesquisa
Euder Melo

Criação de Capa - Diagramação - Editoração Musical
Sergio Quaino

Idealização
Inácio Cavallieri

Otimização
Rogerio Borges

* * *

CURSO CAVALLIERI DE VIOLÃO E GUITARRA © Copyright 2000 by Bruno Quaino Material Cultural Ltda.
Rio de Janeiro - Brasil
International Copyright Secured - Todos os diretos reservados - All rights reserved.

Proibida a reprodução parcial ou total sem prévia autorização.

* * *

Printed in Brazil / Impresso no Brasil

* * *

```
c376    Cavallieri, Inácio.
            Curso Cavallieri de Violão e Guitarra / Inácio Cavallieri -
        Rio de Janeiro: Bruno Quaino Material Cultural  Ltda.,
        2005.
            124p.; 28cm.


        ISBN 85-86144-33-9


        1. Violão - Instrução e estudo. I. Título.


                                        CDD 787.61
```

Bibliografia

PRIOLLI, Maria Luisa de Mattos. *Princípios Básicos da Música para a Juventude. vol.1.*
    Rio de Janeiro: Casa Oliveira de Música Ltda., 1953.
CHEDIAK, Almir. *Harmônia e Improvisação vol. 1 e 2.*
    Rio de Janeiro: Lumiar Editora Ltda, 1986.
MIZAROLLI, John. *Music Of Spheres.*
    Londres: Music of the Spheres Limited, 1997.
MED, Bohumil. *Teoria da Música.*
    Brasília: Musimed, 1986.
DENYER, Ralph. *The Guitar Handbook.*
    Londres: Dorling Kinderseley Limited, 1982.
CANDÉ, Roland. *História Universal da Música, 2ª edição, volumes 1 e 2.*(*)
    (Tradução de Eduardo Brandão e revisão de Marina Appenzeller)
    São Paulo: Editora Wmf Martins Fontes, 2001.
        (*)Pesquisa realizada por Daniel Oliveira
BURROWS, John. *Música Clássica (Guia Ilustrado Zahar).*
WIFFEN, Charles. *(Colaboração de Robert Ainsley - Tradução de André Telles)*
    Rio de Janeiro: Jorge Zahar Editor, 2006.